KB042105

금의
미래

THE NEW CASE FOR GOLD

James Rickards

All rights reserved including the right of reproduction in whole or in part in any form.
This edition published by arrangement with Portfolio, an imprint of
Penguin Publishing Group, a division of Penguin Random House LLC.
This Korean translation published by arrangement with James Rickards in care of
Penguin Random House LCC through Milkwood Agency.

Korean Translation copyright ⓒ 2020 by Chaeksesang Publishing Co.

이 책의 한국어판 저작권은 밀크우드에이전시를 통해
Portfolio, Penguin Random House와 독점 계약한 책세상이 소유합니다.
저작권법에 의하여 한국 내에서 보호를 받는 저작물이므로 무단 전재와 복제를 금합니다.

금의 미래

초판 1쇄 발행 2020년 12월 23일
초판 2쇄 발행 2021년 1월 20일

지은이 제임스 리카즈
옮긴이 안종설

펴낸이 김현태
펴낸곳 해의시간
등록 1975년 5월 21일 제1-517호
주소 서울시 마포구 잔다리로 62-1, 3층(04031)
전화 02-704-1250(영업), 02-3273-1334(편집)
팩스 02-719-1258
이메일 editor@chaeksesang.com
광고·제휴 문의 creator@chaeksesang.com
홈페이지 chaeksesang.com
페이스북 /chaeksesang   **트위터** @chaeksesang
인스타그램 @chaeksesang   **네이버포스트** bkworldpub

ISBN 979-11-5931-564-0 03320

+ 잘못되거나 파손된 책은 구입하신 서점에서 교환해드립니다.
+ 책값은 뒤표지에 있습니다.
+ 해의시간은 책세상의 경제경영·자기계발·에세이 브랜드입니다.

금의
미래

THE NEW
CASE FOR
GOLD

제임스 리카즈 지음
안종설 옮김

해의시간

황금보다 더 소중한 그 무엇,

사랑을 가르쳐준 내 어머니, 샐리 리카즈에게

그 열두 문은 열두 진주니

문마다 한 진주요

성의 길은 맑은 유리 같은 정금이더라.

요한계시록 21:21

차례

들어가는 글

"금은 미개한 유물이다." 당신은 이 말을 몇 번이나 들어보았는가? 나처럼 금에 관해 책을 쓰고 강연을 하는 사람이라면 아마 수천 번도 더 들었을 것이다. 이는 철두철미하게 종이 화폐를 신봉하지만 금에 대해서는 어떤 신뢰도 없는 이들이 흔히 들먹이는, 잘 연습된 장광설의 일부다. 누가 금에 대해 조금이라도 긍정적인 말을 꺼내려는 조짐이 보이면, 종이 화폐의 신봉자들은 거의 자동으로 이런 반응을 보인다.

금을 배격하는 이런 조건반사는 세대를 초월한다. 먼저 금 반대론자로 유명한 밀턴 프리드먼 같은 학자의 영향을 받은 구세대 경제학자들이 있다. 이 세대에는 폴 크루그먼, 배리 아이컨그린, 누리엘 루비니, 마틴 펠드스타인, 그 밖에 좌와 우를 망라

하는 다양한 이념적 스펙트럼을 가진 여러 학자가 포함된다. 프리드먼의 다른 이론적 업적들은 대부분 구시대의 유물이 되었지만(예를 들어 그가 주장한 변동환율제는 최적의 대안이 아니며, 통화 유통속도 역시 안정적이지 않은 것으로 드러났다), 이는 그의 제자들이 가진 금에 대한 인식에는 별다른 영향을 미치지 못했다.

금은 통화시스템에서 설 자리가 없다고 (잘못) 배운 더 젊은 세대가 이 반금주의의 거물들과 합세했다. 이 그룹에는 배리 리트홀츠 Barry Ritholtz, 맷 오브라이언 Matt O'Brien, 다겐 맥도웰 Dagen McDowell, 조 웨이센덜 Joe Weisenthal 같은 저명한 블로거와 평론가들이 포함된다. 이들은 금반지나 금시계를 착용한 사람에게는 아무 말도 하지 않지만, 실제로 금괴를 가지고 있다고 자백하는 사람을 만나면 동정심 어린 안쓰러운 눈빛을 보낸다. 반면 누가 금 본위제도를 입에 담기라도 하면 선을 넘었다고 보고 어김없이 송곳니를 드러낸다. 그들은 아주 민감한 방아쇠가 달린 카빈총처럼, 금 본위제도가 작동하지 않는 이유와 앞으로도 작동할 가능성이 없으며 지금까지 늘 실패를 거듭해온 이유를 말하며 집중포화를 퍼부을 준비가 되어 있다. '낡아빠진'이나 '석기시대의' 같은 형용사가 따라붙는 것은 말할 필요도 없다.

이 책은 이렇게 주장한다. 금이 곧 돈이다. 금에 기반한 화폐제도는 가능할 뿐 아니라 바람직하다. 금 본위제도가 시행되지 않는 상황에서, 개인은 재산을 지키기 위해 금을 구매함으로써 개별 차원의 금 본위제도를 추구해야 한다.

금을 옹호하는 여정을 시작하면서 나는 내가 혼자가 아니라는 사실에서 위안을 얻는다. 새로운 세대의 금 비판론자들의 등장과 함께, 금을 옹호하는 현명하고 사려 깊은 새로운 세대도 나타나고 있다. 빈의 로니 슈퇴페를레^{Ronni Stöferle}와 마르크 팔레크^{Mark Valek}, 시드니의 조던 엘리소^{Jordan Elieso}와 제니 심슨^{Janie Simpson}, 런던의 잔 스코일스^{Jan Skoyles}, 네덜란드의 쿠스 얀센^{Koos Jansen}(본명은 얀 니우엔하위스^{Jan Nieuwenhuijs}), 밴쿠버의 일레인 다이앤 테일러^{Elaine Diane Taylor} 등이다. 이들 사이에는 상당한 네트워크가 형성되어 있다. 나는 그들에게서 늘 새로운 자극과 통찰을 얻는다.

금 옹호론을 시작하기에 앞서, 먼저 금 반대론을 논파하는 것이 유익할 듯하다. 다음에 또 어디서 금 반대론자가 앵무새 같은 주장을 하면, 그때는 상투적인 말이 아닌 구체적인 사실을 앞세워 그 입을 틀어막는 법을 알아야 할 것이다.

금 반대론은 어떤 내용을 담고 있을까? 반대론자들이 줄줄 외우고 있는 내용은 이렇다.

1. 케인스에 따르면, 금은 '미개한 유물'이다.
2. 금융과 상업을 지탱할 만큼 충분한 금이 존재하지 않는다.

3. 금의 공급량은 세계 경제의 성장을 지탱할 만큼 빠르게 증가하지 않는다.
4. 금은 대공황을 초래했다.
5. 금은 수익을 내지 못한다.
6. 금은 내재가치가 없다.

이런 주장들은 허위이거나, 시대에 뒤떨어졌거나, 혹은 역설적이게도 금을 옹호하는 결론으로 이어진다. 물론 그렇다고 해서 명목화폐를 지지하는 이론가들이 이 주장들을 포기하지는 않는다. 하나씩 따져보자.

케인스에 따르면,
금은 '미개한 유물'이다

이 주장은 간단히 논박된다. '케인스는 그런 말을 한 적이 없다.'
케인스가 실제로 한 말은 더 흥미롭다. 그는 《화폐 개혁론Monetary Reform》(1924)에서 "사실상 금 본위제도는 이미 미개한 유물이 되었다"라고 썼다. 케인스는 '금'이 아니라 '금 본위제도'에 대해 말한 것이고, 이는 1924년의 맥락에서는 옳은 주장이다. 1922년부터 1939년 사이에 다양한 형태로 득세한 금 본위제도는 여러 허점으로 악명이 높아서 애초에 채택되지 말았어야 할 뿐 아니라 제2차 세계대전의 발발과 함께 사멸하기 훨씬 전에 폐기되었어야 마땅했다.

케인스는 무엇보다 실용주의자였다. 1914년 7월 제1차 세계대전이 발발하자, 케인스는 1870년 이후로 자리를 잡은 고전적 금 본위제도를 유지해야 한다는 아주 설득력 있는 주장을 내놓았다. 전쟁의 소용돌이에 휩쓸린 국가 대부분은 보유한 금으로 전시 재정을 충당하기 위해 즉각 금 본위제도를 포기했다. 영국 재무성과 중앙은행 역시 비슷한 길을 따라가고자 했다.

케인스는 화폐로서의 금은 한정된 자원이지만 신용은 탄력적이라고 주장했다. 금 본위제도를 유지하고 세계 금융의 중심으로 대접받는 런던의 역할을 고수하면 영국의 신용을 더 높일 수 있다는 주장이다. 런던은 전쟁에 필요한 자금을 충당할 돈을 빌릴 수 있을 것이었다.

이런 주장은 그대로 현실화되었다. 뉴욕의 모건가는 영국에 거액의 대출을 해주었지만, 독일이나 오스트리아에는 한 푼도 주지 않았다. 1917년에 미국이 참전할 때까지 영국이 버틸 수 있었던 데는 이 돈이 결정적인 역할을 했다. 그 이듬해, 전쟁은 승리로 끝났다.

1925년, 당시의 재무장관 윈스턴 처칠은 전쟁 이전의 금 본위제도로 돌아가는 방안을 검토했다. 케인스는 처칠에게 그렇게 되면 재앙과도 같은 디플레이션이 발생한다고 조언했다. 케인스는 금 본위제도를 지지하지 않았지만, 만약 영국이 금 본위제도를 하겠다면 가격을 제대로 책정하는 것이 가장 중요하다고 주장했다. 금값을 훨씬 더 높여야 한다고 제안한 것이다. 처칠은 케인스의 조언을 무시했다. 그 결과 영국은 극심한 디플레이션과 대공황에 직면했고, 몇 년 후에는 대공황이 전 세계를 강타했다.

케인스는 죽음을 앞둔 1944년 7월, 브레턴우즈에서 '방코르bancor'라고 이름 붙인 새로운 형태의 세계 통화를 주창했다. 이론상으로는 오늘날의 특별인출권Special Drawing Right, SDR의 전신이다. 방코르는 금을 포함한 상품바스켓의 뒷받침이 필요한 통화다. 엄격한 의미의 금 본위제는 아니지만, 통화시스템 속에서 금이 중요한 위치를 차지할 수 있는 제도인 셈이다. 케인스의 계획은 미국이 내세운 달러-금 본위제도에 밀려 무산되었고, 달러-금 본위제도는 1944년부터 1971년까지 지속되었다.

간단히 말해서 초기의 케인스는 금 옹호론자였고, 중반에는 금에 대한 날카로운 조언을 내놓은 인물이었으며, 말년에는 다시 금 옹호론자로 돌아갔다. 그 사이에 흠결 많은 금환 본위제도를 제대로 비판하기도 했다. 다음에 또 누가 '미개한 유물' 어쩌고 하는 소리를 꺼내면, 금에 대한 케인스의 미묘한 관점을 떠올리도록 하자.

금은 금융과 상업을 지탱할 만큼
충분하지 않다

이런 말도 안 되는 주장을 군이 언급하는 이유는, 명목화폐를 옹호하는 이들 사이에 가장 널리 퍼진 오류 가운데 하나가 바로 이것이기 때문이다.

전 세계의 금 보유량은 일정한 수준으로 고정되지만, 채굴을 통해 증가하기도 한다. 현재 전 세계에는 모두 17만 톤의 금이 있는데, 이 가운데 3만 5,000톤은 각국의 중앙은행과 재무부에서 보유하거나 국부펀드 등의 형태를 띤 공식적인 금이다. 이런 금은 금 본위제도에서 '가격'의 형태로 세계 금융과 상업을 지탱한다. 가격은 물리적 금의 양과 통화량의 비율을 계산해 결정된다.

이 계산에는 몇 가지 가정이 필요하다. 어떤 통화를 금 본위제도에 포함시킬 것인가? 이런 목적을 위해 어떤 통화공급(M0, M1 등등)을 사용할 것인가? 가장 바람직한 금과 화폐의 비율은 어느 정도인가? 이것은 각국의 중앙은행이 때에 따라 다른 답을 내려온, 정당한 정책적 질문이다.

영국의 중앙은행은 1815년부터 1914년 사이에 통화공급을 지탱하는 금의 비율을 약 20퍼센트 선으로 유지함으로써 성공적으로 금 본위제도를 정착시켰다. 1913년부터 1965년 사이,

미국의 연방준비은행은 미국 통화공급을 지탱하는 금의 비율을 최소 40퍼센트 선으로 유지했다. 일반적으로 중앙은행을 신뢰하는 사람이 많을수록 안정적인 금 본위제도를 유지하는 데 필요한 금의 비율은 낮아진다.

이런 전제를 두면 각각의 가정에 적용되는 금값 추정치를 계산할 수 있다. 예를 들어 미국과 유로존, 중국이 M1 통화공급과 40퍼센트의 금이 뒷받침하는 금 본위제도에 합의한다면, 금값 추정치는 온스당 1만 달러가량이 될 것이다. 만약 이 세 통화권이 M2 통화공급과 이를 뒷받침할 금의 비율을 100퍼센트까지 끌어올리면 금 가격은 온스당 5만 달러까지 치솟을 것이다.

온스당 1,100달러 선에서 출범한 금 본위제도는 (만약 필요한 만큼 통화공급이 감소하면) 엄청난 디플레이션을 일으킬 것이고, (사람들이 정부로부터 싼값으로 금을 사려고 몰려드는) 엄청난 불안을 초래할 것이다.

이러한 비판에 대해서는, 안정적이고 디플레이션되지 않은 가격을 명시하는 한 금 본위제도를 지탱할 '금은 언제나 충분히 존재한다'고 간단히 대답하면 된다.

'금이 충분하지 않다'는 비판은 사실 현재의 가격으로는 금이 충분하지 않다는 뜻이다. 이는 금 본위제에 대한 비판이 아니다. 금 현물과 종이 화폐의 실제 가치가 노골적으로 충돌하는 현상에 대한 비판이다. 이런 충돌은 종이 화폐에 대한 신뢰가 무너지

고 금 본위제도가 우리 경제시스템의 신뢰를 회복시킬 것이라
는 믿음이 확산될 때 발생한다.

금의 공급량은 세계 경제의 성장을 지탱할 만큼
빠르게 증가하지 않는다

역시 금 본위제가 어떻게 작동하는지를 이해하지 못하는 사람
들의 궤변이다.

이런 주장을 펼치는 사람은 '공식적인' 금과 금의 '총량'을 구
분하지 못한다. 정부가 보유한 공식적인 금은 통화공급을 뒷받
침하는 데 활용된다. 금의 총량을 알려면 공식적인 금의 양에 개
인이 보유한 금괴와 장신구 등에 들어간 금의 양을 합쳐야 한다.

한 국가의 정부가 통화팽창을 뒷받침하기 위해 공식적인 금
의 공급을 늘리고 싶으면, 돈을 찍어내 시장에서 민간이 보유한
금을 사들이면 된다. 굳이 금을 새롭게 채굴할 필요가 없다는 말
이다. 필요한 경우 민간의 금을 사들이는 것만으로 공식적인 금
공급을 두 배로 늘릴 수 있으며, 그런다고 해서 전 세계 금의 총
량이 커다란 영향을 받는 것도 아니다. (공식적인 금은 금의 총
량 가운데 20퍼센트밖에 되지 않으니, 정부가 사들일 여지는 얼
마든지 있다.)

금 본위제도에서 돈을 찍어 금을 사들이는 것은 또 다른 형태의 시장원리일 뿐이다. 연방준비은행이 매일같이 하는, 돈을 찍어서 채권을 사는 행위와 조금도 다르지 않다. 물론 이런 조치가 시장에 영향을 미칠 수도 있고, 무분별한 통화정책이 참담한 실패로 귀결되기도 한다. 이는 금 본위제도가 아니더라도 얼마든지 일어나는 일이다. 결론적으로, 금의 새로운 채굴이 금 본위제도에서 중앙은행이 신용을 확장하는 능력을 제한하지 않는다.

더 중요한 논점은 몇 가지 항목의 2009년부터 2014년 사이 연평균 성장률에 있다. 다음 표를 보자.

전 세계 GDP	2.9%
세계 인구	1.2%
금 생산량	1.6%
연방준비은행 본원통화	22.5%

어느 성장률이 눈에 띄는가?

전 세계 GDP가 금 생산량보다 빠르게 증가하는 것은 사실이다. 다른 요인이 전혀 없다면(사실은 그렇지 않지만) 세계는 실질적으로 잠재적인 최대치까지 성장할 수 있고(통화 외적인 구조적 장애물의 영향을 받는다), 명목가격은 다소 디플레이션 쪽으로 기울어진다. 가벼운 디플레이션은 소비자와 예금주에게 이득으로 작용한다.

금 본위제도가 무분별한 통화정책과 결합하지 말라는 법은 없다. 금과 중앙은행이 발행한 화폐의 결합은 전시만 빼면 1815년부터 1971년까지 늘 있는 일이었다. 중앙은행은 최후의 대출기관 노릇을 했고, 금 본위제도에서조차 필요에 따라 통화공급을 늘리거나 줄였다. 사실 금의 주된 목적은 금괴의 유입과 유출에 근거해 어느 쪽이 적절한 통화정책인지 신호를 보내는 것이었다.

금 생산량이 세계 경제의 성장을 뒷받침하지 못한다는 말은 사실 금 생산량이 인플레이션에 근거한 세계 경제의 성장을 뒷받침하지 못한다는 뜻이다. 이것은 사실이다. 인플레이션은 부를 부자에게서 가난한 사람으로, 예금주에게서 채무자로, 시민에게서 정부로 이전한다. 인플레이션은 소득재분배를 추구하는 사회주의자나 진보주의자가 선호하는 정책이다. 채굴량에 근거해 금을 반대하는 것은 채굴이 성장을 방해하는 것이 아니라 절도를 방해한다는 주장일 뿐이다.

금은 대공황을 초래했다

사실 대공황을 초래한 것은 1927년부터 1931년에 걸친 미국 연방준비은행의 무능하고 무분별한 통화정책이다. 이는 애나 슈워츠Anna Schwartz와 밀턴 프리드먼, 그리고 더 최근에는 벤 버냉키 같은 수많은 학자의 연구 결과와 일치한다.

허버트 후버와 프랭클린 루스벨트가 주도한 실험적인 정책의 개입으로 대공황이 길어진 것도 사실이다. 이런 실험은 찰스 킨들버거가 '체제의 불확실성'이라고 표현한 현상을 일으켰다. 이는 대기업과 부유한 개인이 각종 규제와 세금, 노동정책 비용에 대한 불안감 때문에 자본투자를 거부하는 현상을 의미한다. 그 결과 자본은 옆길로 새나갔고, 성장은 얼어붙었다.

버냉키의 연구는 대공황 기간 중 금 공급이 통화공급을 제약한 적이 한 번도 없음을 보여준다. 당시의 법에 따르면, 연준은 자신이 보유한 금의 가치에 비해 250퍼센트나 많은 돈을 합법적으로 찍어낼 수 있었다. 실질적인 통화공급이 금 가치의 100퍼센트를 초과한 적은 없었다. 이는 금의 억지력이 작용하지 않을 경우 통화공급이 두 배 이상 늘어날 수 있었다는 뜻이다. 통화공급의 증가는 금의 문제가 아니었다. 고객은 돈을 빌리지 않으려 했고, 은행은 돈을 빌려주지 않으려 했던 것이 문제였다. 은행의 신용과 소비자의 신뢰가 문제였지, 금의 문제가 아니었다는 말이다.

국제적인 측면에서도, 경제학자 아이컨그린은 각국 정부가 금에 대한 자국의 통화가치를 평가절하함으로써(1925년의 프랑스, 1931년의 영국, 1933년의 미국, 1936년의 영국과 프랑스처럼) 수출 증가를 통한 즉각적인 경제적 혜택을 누렸다고 지적한다. 이런 국가들이 단기적으로 혜택을 누린 것은 사실이다. 하지만 세계는 그렇지 못했다. 프랑스가 1925년에 누린 혜택은 영국이 그 비용을 부담했다. 영국이 1931년에 누린 혜택은 미국이 그 비용을 부담했다. 미국이 1933년에 누린 혜택은 영국과 프랑스가 그 비용을 부담했다.

화려할 수도 있었을 아이컨그린의 학문적 성과는 케인스가 말하는 '구성의 오류fallacy of composition' 때문에 빛을 잃었다. 이는 개인에게 좋은 것이 반드시 전체에도 좋다는 법은 없다는 뜻이다. 관객이 들어찬 록 콘서트에서 한 사람이 의자 위에 올라서면 무대가 더 잘 보이기는 하겠지만, 모든 사람이 그렇게 하면 아무도 공연을 제대로 즐길 수 없다.

1925년부터 1936년 사이에 진행된 금에 대한 일련의 평가절하 움직임은 '네 이웃을 가난하게 만들어라beggar thy neighbor'라는 통화전쟁의 실체를 잘 보여준다. 문제의 핵심은 영국이 1925년에 금 가격을 온스당 4.25파운드, 즉 제1차 세계대전 이전의 금 평가로 되돌려놓음으로써 비롯되었다. 영국은 1914년부터

1925년 사이에 전쟁비용을 충당하기 위해 통화공급을 두 배로 늘렸기 때문에, 과거의 금 평가로 돌아간다는 것은 곧 통화공급을 반으로 줄여야 한다는 의미였다. 이러한 정책은 엄청난 디플레이션을 초래했다. 파운드화가 과대평가되자, 프랑스는 영국이 과거의 금 평가를 포기한 1931년까지 커다란 무역상의 이득을 누렸다. 반면 영국은 1931년의 평가절하 이후 1933년까지 특히 미국을 상대로 큰 이득을 보았는데, 1933년은 미국이 과거의 금 평가를 포기한 해다.

대공황을 초래한 주범은 금이 아니라 정치적인 의도로 금 가격을 산정하는 무능하고 무분별한 통화정책이었던 셈이다.

기능적인 금 본위제도에서는 금이 과소평가될 수 없다(1925년의 영국과 오늘날의 세계에서 보듯). 금이 과소평가되면 중앙은행의 화폐는 과대평가되고, 그 결과는 디플레이션으로 나타난다. 정부가 금 가격을 정치적인 의도가 아닌 분석적인 기준으로 책정하면 금 본위제는 효과적으로 작동한다.

금은 수익을 내지 못한다

이 진술은 참이며, 동시에 금의 장점을 '옹호'하는 가장 강력한 주장 가운데 하나다.

금이 수익이나 보수를 가져다주지 않는 이유는, 원래부터 그런 물건이 아니기 때문이다. 금은 곧 화폐고, 화폐는 아무런 리스크가 없으므로 수익을 내지 않는다. 화폐는 교환의 매개이고, 가치의 저장 수단이며, 회계의 단위지만, 진짜 화폐는 위험자산이 아니다.

간단하면서도 조금은 애매해 보이는 이런 관점을 확실히 이해하기 위해서는 1달러짜리 지폐를 들여다보면 된다. 이건 화폐일까? 맞다. 이 화폐가 수익을 낼까? 아니다.

돈을 은행에 넣어두면 수익이 발생한다. 하지만 그 순간 이것은 이미 돈이 아니라 은행 예치금이 된다(연방준비제도는 은행 예치금을 '통화공급'의 일부로 정의한다. 이는 그들이 특정한 통화상의 환상을 지탱하는 일을 하기 때문이다).

은행 예치금은 돈이 아니라 은행의 무담보 부채다. 미국에서 제일 큰 몇몇 은행은 정부가 예금 보험의 확장, 머니마켓펀드MMF의 보증, 제로금리, 양적완화, 외국 중앙은행과의 통화스와프, 그 밖의 온갖 묘수를 동원한 긴급 원조를 제공하지 않았으면 이미 2008년에 망했을 것이다. 2013년 키프로스와 2015년 그리스의 예금주들은 은행 예치금과 돈이 어떻게 다른지를 뼈저리게 느껴야 했다. 두 경우 모두 은행은 문을 닫고 ATM은 폐쇄되었으며, 지폐는 공급부족 상태에 빠졌다. 키프로스의 몇몇 예금주는 본의 아니게 예치금을 은행 주식으로 바꿔야 했다. 그리스에서는 현지의 신용카드가 정지되고, 준儶 물물교환 경제가 빠르게 나타났다.

주식이나 채권, 부동산, 그 밖의 비통화자산을 사도 수익을 낼 수 있다. 하지만 그러기에는 위험이 따른다. 많은 투자자는 주식과 채권, 부동산을 돈이라고 생각하지만, 사실 그것들은 은행 예치금과 마찬가지로 위험자산이다.

돈은 금화, 지폐, 비트코인의 세 가지 형태로 구분된다. 각각은 금속, 종이, 디지털이다. 셋 모두 수익을 내지 않는다. 돈이라는 게 원래 그렇다.

금은 내재가치가 없다

어떤 기자나 블로거가 '금은 내재가치가 없다'는 이유로 금 옹호론자를 공격하거든, 그의 마르크스 경제학에 대한 확고한 믿음을 칭찬해주어야 한다.

'내재가치론 intrinsic value theory'은 1811년에 데이비드 리카도가 처음 주장하고 카를 마르크스가《공산당 선언》(1848)과《자본론》(1867, 1885, 1894)을 비롯한 여러 저술에서 채택한 '노동가치론 labor theory of value'의 확장판이다. 이것은 생산에 투입된 노동과 자본의 결합을 통해 상품의 가치가 만들어진다는 개념이다.

이 개념에 따르면 상품을 생산하는 데 필요한 노동이 많을수록 그 상품의 가치도 커진다.

마르크스의 자본주의 비판은 부르주아 자본가들이 '생산수단'을 통제하고, 늘어난 가치의 정당한 몫을 노동자에게 지불하지 않는다는 점이 핵심이다. 자본가들은 이런 방법으로 노동의 '잉여가치'를 착취한다. 마르크스는 자본에 의한 노동 착취가 극심한 소득불균형으로 이어지고, 노동자의 계급의식을 고양해 프롤레타리아 혁명과 자본주의의 붕괴를 초래한 끝에 사회주의 체제가 이를 대신하게 된다는 이론을 제시한다. 마르크스의 분석은 내재가치의 토대 위에 서 있는 셈이다.

금이 내재가치를 갖지 못한다는 비판의 문제점은 내재가치에 근거한 경제 이론이 1871년 이후로는 경제학자들의 신뢰를 얻지 못한다는 데 있다. 1871년은 빈대학의 카를 멩거가 '주관적 가치 subjective value'라는 개념을 주창한 해다. 멩거의 통찰은 훗날 오스트리아 경제학파로 발전하는 이론의 초석이 된다.

주관적 가치란 각자의 필요와 욕구를 가진 개인이 상품에 부여하는 가치다. 이런 가치는 생산 요소나 투입량으로 결정되는 내재가치와는 완전히 독립적이다. 금의 시장가치가 생산 비용에 미치지 못해 파산을 신청하는 금광업자는 내재가치의 허점을 입증하는 사례가 될 것이다.

금은 산업적인 쓰임새가 거의 없다. 돈으로는 유용하지만, 그

밖에는 별로 쓸 데가 없다. (장신구는 금의 원래 용도와 구분되지 않는다. 물론 시각적으로 매력적이고 착용자에게 만족감을 준다. 그럼에도 인도의 새색시들이라면 누구나 기꺼이 인정하겠지만 그것은 착용 가능한 부이며, 따라서 가치의 저장 수단이라는 의미에서 돈의 한 형태에 지나지 않는다.) 주관적 가치론에서 금 가격은 돈을 원하거나 돈이 필요한 사람이 느끼는 금의 효용에 따라 달라진다.

단순 생산과 자급 농업의 로빈슨 크루소 단계를 넘어선 교환 경제에서는 반드시 돈이 필요하다. 금, 달러, 유로, 비트코인, 때와 장소에 따라서는 깃털, 조개껍데기, 구슬 등등 여러 형태의 돈이 있다. 각 형태의 돈이 갖는 가치는 경제를 구성하는 각 개인의 주관적 필요와 욕구에 따라 달라진다. 때로는 달러가 금보다 훨씬 유용하다는 사실이 입증되고, 금의 달러 가격은 이러한 주관적 가치 평가에 근거해 하락할 것이다. 또 때로는 달러에 대한 믿음이 시들어 금의 달러 가치가 크게 오를 수도 있다.

금의 '내재가치'는 멩거가 145년 전에 보여준 것처럼 시대에 뒤떨어진 개념이다. 요즘 세상에 그것을 들먹이며 금에 반기를 드는 사람이라면, 낡아 빠진 마르크스 경제학의 신봉자가 분명하다.

＋＋＋

화폐로서의 금을 부정하는 가장 흔한 여섯 가지 반론 가운데 다섯 가지는 경험적으로, 분석적으로, 역사적으로 틀렸고, 나머지 하나인 '금은 수익을 내지 못한다'는 틀린 말은 아니지만 반론이 아니라 자명한 사실일 뿐이며 금은 곧 화폐라는 관점에 부합한다.

이는 금을 화폐로 사용하는 데 아무런 문제도 없다는 뜻이 아니다. 모든 화폐 본위는 나름의 문제점을 안고 있다. 예를 들어 새로운 금 본위제도를 만들려면 다른 통화와의 패리티^{parity} 문제, 그 패리티를 유지하는 문제를 포함해 아주 방대한 기술적 작업이 필요할 것이다. 그런 작업은 마스트리흐트조약(1992)과 유로화의 공식 출범(1999) 사이에 가로놓인 8년의 세월 동안 유럽의 여러 통화를 통합하기 위해 진행된 연구와 비슷한 과정이 될 것이다.

금 비판론자들은 위에 열거한 반론 아닌 반론으로 변죽을 울릴 것이 아니라 진짜 반론을 제시해야 한다. 그런 게 있다면 말이다.

이렇게 금에 대한 반론을 살펴보았으니 이제 옹호론을 생각해볼 차례다. 불행하게도 금을 옹호하는 가장 보편적인 주장 가운데 몇몇은 반론만큼이나 진부하고 근거가 없다.

예를 들어 일부 음모론 애호가들은 포트 녹스Fort Knox에 금이 없다고 주장한다. 사실일까? 그들의 주장만큼 금이 소중하다면, 왜 미국 정부는 금을 보이지 않게 치워버렸을까?

실제로는 미국이 보유한 금의 대부분이 켄터키주 포트 녹스와 뉴욕주 웨스트포인트에 멀쩡하게 비축되어 있으며, 양은 그보다 훨씬 적지만 덴버의 조폐창과 뉴욕의 연방준비은행에도 일부 보관되어 있다. 이 금이 스위스 바젤의 국제결제은행을 통해 다른 나라로 대여될 수도 있지만, 그렇다고 해서 미국의 금이 미국의 관리를 벗어나는 것은 아니다. 금 대여는 물리적인 배달이 필요하지 않은 서류상 거래일 뿐이다.

또 다른 금 옹호론자들은 미국이 금 보유량에 대한 회계감사를 하지 않는다는 사실이야말로 금이 없음을 입증하는 증거라고 주장한다. 사실은 그 반대다. 미국 정부는 어떻게든 금의 중요성을 깔아뭉개기 위해 혈안이 되어 있다. 정부는 (8,000톤이 넘는 금이 멀쩡하게 보관되어 있는데도) 국민이 금의 존재를 잊어주기를 원한다. 감사란 원래 중요한 자산을 두고 하는 것이며, 별것 아닌 사소한 자산을 굳이 감사하지 않는다는 점도 주목할 만하다. 미국 정부는 금 보유량을 감사하지 않음으로써 금은 사소한 자산에 지나지 않는 것처럼 보이게 한다. 금 보유량을 감사하면 곧 금의 가치를 존중한다는 뜻이 되고, 미국 정부는 이런 인식이 번지는 것을 결코 원하지 않는다.

이 책의 목적은 과거의 낡은 주장을 되풀이하는 것이 아니라 21세기의 맥락에서 금을 새로운 논의에 부치는 것이다. 여기에는 사이버 금융 전쟁에서 금이 차지하는 역할, 이란 같은 국가에 대한 경제 제재에서 금이 차지하는 중요성, 국제통화기금IMF이 발행하는 특별인출권SDR이라는 세계 통화와 경쟁할 금의 미래 등이 포함된다.

이제 금 비판론자와 극단적인 음모론자는 내버려두고, 오늘날 우리가 사는 격변의 디지털 세계에서 금이 얼마나 중요한 위치를 차지하는지 살펴보는 여정을 시작하도록 하자. 흥미진진한 여정이 우리를 기다리고 있다.

1장

금과 연준

실업, 노동자의 위태로운 삶,

기대의 좌절, 갑작스러운 예금의 증발,

개인, 투기꾼, 모리배의 과도한 불로소득.

이 모든 것의 많은 부분은

가치 기준의 불안정성에서 비롯한다.

존 메이너드 케인스, 《화폐 개혁론》(1924)

　연준은 파산했는가? 이 질문에서 '연준'은 각 지역의 민간은
행들이 소유한 12개의 개별 연방준비은행으로 구성되는 '연방
준비제도Federal Reserve System'를 의미한다. '파산'은 지불불능의 상
태, 즉 부채가 자산을 초과해 순자산이 마이너스라는 뜻이다.

정의는 그렇다 해도 '연준은 파산했는가'라는 질문은 여전히 남는다.

나는 연준의 이사회, 지역 연방준비은행 총재들, 연준의 고위 간부들, 대통령 후보들, 그 밖의 여러 인사와 이 질문을 놓고 토론할 기회를 가졌다. 내가 얻은 대답은 "아니다", "맞다", "그럴 수도 있다", "상관없다" 등이다. 각각의 대답은 연준의 골칫거리를 대변한다. 이 대답들을 하나하나 들여다보며 그런 대답을 내놓은 사람의 본심은 무엇이었는지 따져보자.

겉으로 볼 때 연준은 지불불능 상태가 아니다. 이 글을 쓰는 시점에서 연준의 대차대조표를 보면, 총자산은 약 4조 4,900억 달러, 총부채는 약 4조 4,500억 달러로, 자산에서 부채를 뺀 총자본은 약 400억 달러에 달한다. 연준의 레버리지가 약 114 대 1로 아주 큰 것은 명백한 사실이다. 레버리지가 자본계정에 미치는 이익이나 손실의 영향을 증폭시키는 것도 사실이다. 연준의 자산에 딱 1퍼센트만 손실이 나도 자본은 깡그리 증발한다. 일반적인 주식 및 채권시장에서 1퍼센트의 하락은 일상다반사다. 연준의 대차대조표는 레버리지가 아주 크고 위태롭지만, 엄밀히 말해서 지불불능 상태는 아니다.

이 대목에서 우리는 '시가평가'라는 개념을 떠올린다. 이름이 암시하듯, 시가평가는 활용 가능한 최고의 정보를 이용해 각각의 자산을 현재의 시장가격으로 재평가한다는 의미다. 헤지펀드와 브로커, 딜러들은 매일같이 이 작업을 하지만, 발표는 주기적으로 정해진 때에만 한다. 은행도 자신의 대차대조표를 가지고 시가평가를 한다. 자산이 거래 혹은 장기투자로 묶여 있는지 여부에 따라 일부 자산은 시가에 부응하기도 하고 그렇지 못하기도 한다.

연준은 시가평가 회계를 이용하지 않는다. 만약 해보면 어떤 결과가 나올까? 지불불능 상태가 될까? 답을 찾기 위해서는 연준의 대차대조표를 좀 더 꼼꼼히 들여다봐야 한다.

90일짜리 재무부채권 같은 단기 금융상품은 가격변동이 거의 없다. 시가평가를 해도 연준의 지불 능력에 영향을 미칠 만큼 변동 폭이 크지 않다. 하지만 10년짜리 국채와 30년짜리 채권의 경우는 이야기가 다르다. 사실 변동의 폭(엄밀히 말하면 '기간')은 이자율이 낮을수록 커진다. 물론 지난 6년 동안 이자율은 역대 최저에 가까웠으니, 이런 금융상품은 시장가치의 큰 변동에 특히 취약하다.

연준의 대차대조표는 '미국 재무부채권─중기 국채, 장기 국채(명목가격)'을 하나의 범주에 몰아넣어 이 항목의 보유액을 이 글을 쓰는 시점에서 약 2조 3,000억 달러로 잡는다. 연준은 이 보유액을 지역 연준 은행으로 분할한다. 연준이 보유한 2조 3,000억 달러 가운데 1조 4,800억 달러가 뉴욕의 연준 은행 장부로 넘어간다. 뉴욕 연준이 공개시장 운영과 다양한 양적완화

프로그램(흔히 QE라 부른다)으로 재무부채권을 사들이는 주체이기도 하니, 이 점은 이해가 간다. 또한 뉴욕 연준은 공개시장 계정 System Open Market Account, SOMA 으로 보유한 모든 재무부채권의 목록을 상세하게 제시한다. 이런 채권 정보와 일일 시세분석표, 그리고 통상적인 약간의 채권 수학을 활용하면 연준의 대차대조표에 대한 시가평가가 가능하다.

뉴욕 연준의 데이터를 보면 연준이 2차 양적완화 QE2 와 3차 양적완화 QE3 의 정점에서 변동 폭이 큰 10년짜리 국채를 대량으로 매입했음을 보여준다. QE2의 경우 2010년 11월에서 2011년 6월 사이에 대량 매입이 이루어졌고, QE3 때는 2012년 9월부터 2014년 10월까지 매입을 했다.

이 데이터만 놓고 보면 연준은 2013년 6월부터 12월 사이의 특정 시기에 시가평가 기준으로는 지불불능 상태였다고 할 수 있다. 이 기간의 10년짜리 국채의 만기수익률은 약 3퍼센트였다. 연준은 대부분의 10년짜리 국채를 수익률이 1.5~2.5퍼센트일 때 매입했다. 수익률이 1.5퍼센트대에서 3퍼센트대로 올라간 것은 연준 포트폴리오의 해당 부문에 막대한 시가평가 손실을 만들었다. 당시 불과 600억 달러밖에 되지 않던 완충자본을 완전히 잠식하기에 충분한 금액이다.

수익률이 올라가기 시작한 시점인 2013년 1월 말, 나는 콜로라도주 베일의 친구 집에서 저녁을 먹었다. 그 자리에는 연준 이

사회 멤버로 활동하다가 퇴임한 지 얼마 되지 않은 친구의 지인이 함께했다. QE1과 QE2는 물론, QE3의 초반까지도 연준 이사회에 참가했던 인사였다. 나는 민감한 주제라고 해서 눈치를 보는 성격이 못 되는 탓에, 몇 마디 정중한 대화가 오가기 무섭게 단도직입적으로 내 생각을 이야기했다. "연준이 지불불능 상태인 것처럼 보이던데요." 전직 이사는 흠칫하더니 "아니, 그렇지 않습니다"라고 대답했다. 나는 조금 더 밀어붙였다. "음, 공식적으로는 물론 그렇지 않지만, 시가평가에 근거를 두고 보면 그렇게 보이기도 합니다." 이사는 또 한 번 잡아뗐다. "그렇게 계산한 사람은 아무도 없었어요." 나는 이렇게 응수했다. "내가 해봤습니다. 그런 사람이 나 혼자만은 아닐 거고요."

상대방의 눈을 똑바로 바라보니, 약간 움찔하는 기색이 느껴졌다. 이윽고 그가 대답했다. "음, 그럴지도 모르지요." 그러고는 잠시 뜸을 들이다가 덧붙였다. "설령 그렇다 해도 문제가 될 것은 없습니다. 중앙은행은 자본금이 필요하지 않거든요. 실제로 세계 여러 나라의 중앙은행들은 자본금을 가지고 있지 않아요." 내가 대답했다. "무슨 말씀인지 알겠습니다, 이사님. 엄밀히 말해서 중앙은행은 자본금이 필요하지 않지요. 그래도 미국 국민은 그런 이야기를 들으면 깜짝 놀랄 겁니다. 연준의 지불 능력이 2016년 대통령 선거에서 중요한 이슈로 떠오를 거라고 믿을 만한 근거는 얼마든지 있어요." 이쯤 되자 우리를 저녁 식사에 초대한 집주인이 살짝 불편한 기색을 보이기 시작했고, 대화는 와인이나 스키 같은 좀 더 무난한 주제로 옮겨갔다.

나는 회계상의 엄밀한 방법론이나 중앙은행을 둘러싼 논쟁이 필요하다는 주장을 펼치려는 의도가 아니었다. 그보다는 연방준비제도라는 조직 전체와 달러화가 신뢰의 상실이라는 공통의 위기에 직면했다는 사실을 말하고 싶었다.

신뢰가 유지되는 한 돈을 계속 찍어내도 문제가 되지 않는다. 신뢰가 사라지는 순간, 아무리 많은 돈을 찍어내도 문제는 해결되지 않는다. 내가 우려하는 것은 양적 분석에 집착하는 MIT 출신의 박사들이 연준을 장악해 정책 입안자들이 수많은 모델 속에서 길을 잃은 나머지, 미국 국민의 기질을 외면한 채 그들의 신뢰를 저버리고 있다는 점이다.

2015년 초에 나는 맨해튼에서 또 다른 연준 임원과 사적인 식사 자리를 가진 적이 있다. 그 사람은 이사는 아니었지만, 벤 버냉키와 재닛 옐런이 연준의 정책 홍보를 위해 직접 고용한 학자 출신의 전문가였다. 그는 홍보 전문가도 아니고, 대중적으로 널리 알려진 인물도 아니었다. 하지만 그는 워싱턴 D.C.의 컨스티튜션 애비뉴에 위치한 연준 본부에서 버냉키와 옐런의 집무실 바로 옆방에 근무하는 핵심 인물 가운데 한 명이었다(나중에 내가 버냉키에게 직접 물어봐서 확인한 사실이다).

나는 그 식사 자리에서도 시가평가에 근거한 연준의 지불 능력 문제를 꺼내보았다. 그 당시는 10년짜리 국채의 수익률이 2퍼센트 밑으로 떨어진 시기였고, 2010년에서 2013년 사이에 매입한 10년짜리 국채 가운데 상당수의 만기가 5년에서 7년 정도밖에 남지 않아 변동성이 크지 않을 때였다(만기가 5년 남은 10년짜리 국채는 기간과 변동성 면에서 5년짜리와 비슷하게 거래된다). 우리가 그 대화를 나눌 무렵, 연준은 시가평가의 손실분을 벌충해 지불 능력 측면에서는 문제가 없어 보였다. 그런데도 내가 그 이야기를 꺼낸 것은 금리가 다시 올라가 새로운 시장 손실이 초래될 수 있기 때문이었다. 나는 특히 신뢰의 문제에 관심이 많았다.

이 친구의 반응은 베일에서 내가 들은 대답보다는 덜 애매했다. 친구는 확신에 찬 모습이었다. "우리는 지불불능 상태가 아니야. 이전에도 그런 적이 없고. 대차대조표에 다 나와 있으니 한번 보라고." 그는 그렇게 말하며 금리가 높았던 2013년 중반을 꼭 집어 언급했다. 한 치의 흔들림도 없는 태도였다. "우리는 한번도 지불불능 상태에 빠진 적이 없어." 더 이상 할 말이 없었다.

나는 채권 포트폴리오에 대한 시가평가 분석이 끝난 것일까 하는 의문이 일었다. 내가 무엇을 놓치고 있는 거지? 연준은 채권의 손실을 상쇄할 자산을 숨겨두고 있는 것일까? 그 친구가 나를 그쪽으로 유도하는 것은 분명했지만, 노골적으로 그렇게 말하고 싶지는 않은 모양이었다.

나는 연준의 대차대조표를 다시 들여다보다가, 이내 내가 찾던 것을 발견했다. 사실 그것은 '금 증서 계정 gold certificate account'이라는 항목으로 대차대조표의 제일 위쪽을 차지하고 있었다. 이글을 쓰는 시점에서, 대차대조표상의 이 계정에는 110억 달러가 적혀 있다. 이 항목은 역사적 원가 historic cost로 표시되었는데, 이는 연준의 통상적인 회계 관행이기도 하다. 만약 이 항목을 채권처럼 시가평가로 표시하면 어떻게 될까?

금 증서 계정을 이해하기 위해서는 일단 1913년으로 거슬러 올라가서 1934년까지 살피는 여정이 필요하다. 연준이 설립된 1913년 당시, 민간 소유이던 각 연방 은행들은 자신의 금을 지역 연방준비은행으로 옮기라는 지시를 받았다. 이것이 금 현물을 점점 소수의 수중으로 이전하는 첫 번째 단계인데, 여기에 대해서는 나중에 다시 언급하겠다.

1934년, 미국 정부는 연준의 모든 금을 확보해 재무부 소관으로 옮겼다. 1937년에는 연준 은행의 금과 함께, 1933년 국민에게서 징발한 금을 보관하기 위해 포트 녹스가 설립되었다.

1934년의 금 준비법 Gold Reserve Act에 따라 재무부는 금 증서를 발행해 연방준비제도에 지급했는데, 이는 대차대조표상의 구멍을 막는 동시에 위헌이라는 비난을 무마하려는 두 가지 의도에 따른 것이었다. 수정헌법 제5조에 "……사유재산권은 정당한 보상 없이 공익 목적을 위하여 수용되어서는 아니 된다"라는 구절이 있으니, 재무부는 연준의 금을 가져가면서 금 증서라는 형태로 '정당한 보상'을 한 셈이다.

이 금 증서가 마지막으로 시장가치로 환산된 것이 1971년으로, 당시의 가격은 온스당 42.2222달러였다. 이 가격과 연준 대차대조표의 정보를 이용하면 약 2억 6,140만 온스, 즉 8,000톤이 조금 넘는 금이 있다는 계산이 나온다. 여기에 시장가격인 온스당 1,200달러를 적용하면 대략 3,150억 달러가 된다. 연준의 대차대조표에 기록된 금은 110억 달러밖에 되지 않으니, 연준은 시가평가로 3,000억 달러가 넘는 '숨겨진 자산'을 보유하는 셈이다.

연준의 자본계정에 3,000억 달러를 더하면 연준의 레버리지는 114 대 1에서 13 대 1로 크게 떨어져, 탄탄한 자본력을 갖춘 대부분의 은행과 비슷한 자본 비율을 보이게 된다. 이런 숨겨진 자산은 채권 포트폴리오의 시장가치 손실분을 모두 상쇄하기에 충분한 액수다.

약 8,000톤에 달하는 재무부의 금 보유량이 연준의 대차대조표에 기재된 금 보유량과 거의 흡사하다는 사실도 흥미롭다. 1950년에 2만 톤을 기록한 미국의 금 공급량은 1980년에는 약 8,000톤으로 줄었다. 이 1만 2,000톤의 감소는 두 단계에 걸쳐 일어났다. 1950년에서 1971년 사이에 무역 상대국들이 달러를 가져와 금으로 바꿔 가면서 1만 1,000톤이 줄었다. 나머지

1,000톤은 1971년부터 1980년 사이의 가격 억제 정책으로 시장에 풀렸다. 어느 날 갑자기 미국의 금 현물을 이용한 가격 억제 정책이 폐기되면서 1980년 이후 미국은 공식적인 금 매도에 거의 관여하지 않고 있다.

이는 재무부가 이론상으로 연준에 빚진 것보다 금 보유량이 떨어지는 사태를 두려워하기 때문일까? 미국의 금 보유량이 8,000톤으로 떨어진 것은 연준의 대차대조표에 기재된 양이 딱 그만큼이기 때문일까? 만약 그렇다면, 그러한 관계는 아주 중요한 의미가 있다. 미국이 더 이상의 금 실물을 시장에 풀 수 없다는 뜻이기 때문이다. 미국은 영국 같은 다른 나라에 금을 풀라고 권하거나, 임대사업을 통해 서류상으로만 진행되는 금 게임에 참여하는 수밖에 없다. 재무부가 공급자 역할로 게임에 참여하는 시대는 끝난 셈이다.

엄밀히 말해서 연준이 금 증서를 가지고 있다고 해서 재무부에 금 실물을 내놓으라고 요구할 권리는 없다. 단지 연준이 찍어낸 지폐가 신뢰를 상실할 경우에 대비한 암묵적인 도덕적 책임을 질 뿐이고, 재무부는 자신이 보유한 금을 이용해 연준을 지탱할 것이다. 금으로 연준을 지원하는 암묵적인 책임의 또 다른 이름이 바로 금 본위제도다.

연준의 핵심 인물이었던 내 친구의 말은 옳았다. 증권 포트폴리오만 놓고 보면 연준은 2013년에 시가평가 기준으로 잠시 지불불능 상태에 빠졌다. 하지만 '숨겨진 금 자산'을 고려하면 연준은 절대 지불불능 상태가 아니었다.

전 세계 금융시스템에 대한 신뢰는 미국 달러에 달려 있다. 달러에 대한 신뢰는 연준 대차대조표의 지불 능력에 달려 있다. 그 지불 능력을 떠받치는 것이 바로 얇디얇은 금 조각인 셈이다. 연준은 이런 상태를 시인하지 않으며, 공개적으로 논의하려 하지도 않는다. 지나가는 말로라도 연준의 지불 능력에 미치는 금의 영향을 언급하면, 금-화폐 비율을 비롯해 연준이 1970년대부터 숨겨온 관련 주제에 관한 논쟁이 시작될 것이다. 그럼에도 금은 여전히 국제통화시스템에서 중요하다. 각국의 중앙은행과 정부가 공개적으로는 금의 역할을 하찮은 것으로 이야기하면서도 실제로는 금고에 금을 쌓아두는 이유가 바로 이것이다.

2장

금은
돈이다

사람들은 금이 반짝이기 때문에 매료되는 것이 아니라 돈이기 때문에 좋아한다. 이 사실을 이해하는 것이 금을 이해하는 출발점이다.

　물론 세상에는 여러 형태의 돈이 있다. 때로는 서로 다른 형태의 돈이 세계를 주도하는 준비통화reserve currency의 지위를 놓고 경쟁하기도 한다. 오늘날의 달러, 유로, 비트코인은 모두 돈이다. 금 역시 마찬가지다.

돈이란 무엇인가?

돈의 고전적 정의는 세 측면을 갖는다. 교환의 매개, 가치의 저장소, 회계의 단위다. 이 세 기준이 모두 충족되면 돈이라고 불러도 된다. 경제학자에게 "돈이 뭐예요?" 하고 물으면, 그들은 반사적으로 중앙은행이 발행한 불환 지폐만을 떠올리며 M3, M2, M1, M0라 불리는 통화공급의 다양한 스펙트럼에 관한 기술적인 논의로 빠진다. M3에서 M0로 갈수록 더 좁은 개념이다. 은행의 지급준비금과 유통 중인 통화를 의미하는 M0는 경제학자들이 가장 좁은 개념의 돈이라고 생각하기 때문에 '본원통화base money'라고 불리기도 한다. 나는 금을 'M-제로 이하'라고 부른다. 경제학자들은 인정하지 않더라도, 금이야말로 종이돈 공급 이면의 진짜 본원통화이기 때문이다.

왜 금인가?

비판론자들은 마치 금은 돈으로서 특별한 매력을 가지고 있지 않다는 듯이 '반짝이는 금속' 혹은 '돌덩어리'라는 말로 금을 깎아내리는 데 급급하다. 심지어 연준 이사회 의장을 지낸 버냉키 같은 고매한 경제학자조차도 미국이 금을 계속 보관하는 것을 그저 '전통'이라고 표현하며 그 이상도 이하도 아니라는 뉘앙스를 보인다.

실제로는 금을 돈으로 사용하는 관행은 역사가 깊을 뿐 아니라 아주 실용적이기도 하다. 얼마 전에 BBC 월드 서비스의 저스틴 롤럿은 유니버시티 칼리지 런던의 화학과 교수인 안드레아 셀라와 인터뷰를 진행했다. 이 인터뷰에서 셀라 교수는 원소주기율표를 꼼꼼히 살피며 왜 금이 우주의 다른 모든 원자 구조 중에서 물질세계의 돈으로 사용되기에 압도적으로 적합한지를 설명했다.

고등학교 화학 시간에 배운 주기율표를 기억하는 사람이 많을 것이다. 원소기호가 쓰인 정사각형이 가로로 18칸, 세로로 9칸 배열되어 있고 모서리의 형태는 일정하지 않은 표 말이다. 수소(H)와 헬륨(He)이 가장 위에 놓이고, 각각의 사각형에는 원소의 이름과 알파벳 한두 개로 된 원소기호, 원자량과 질량수, 끓는점 같은 유용한 정보가 표시된다. 이런 식으로 수소(원자번호 1)부터 오가네손(원자번호 118)에 이르는 118개의 원소가 나온다. 여기서 우리가 주목해야 할 사실은 우주에 이들 원소나 분자의 결합으로 이루어지지 않은 물질이 없다는 점이다. 돈을 찾으려면 이 중에서 찾아야 한다.

인터뷰에서 셀라 교수는 능숙한 솜씨로 주기율표를 소개한다. 그리고 우주에 존재하는 물질 대부분은 돈으로 쓰기에 전혀 적합하지 않음을 보여준다. 나아가 어느 정도 적합해 보이는 몇 안 되는 원소들을 하나하나 지워나간 끝에, 우리의 목적에 거의 완벽하게 들어맞는 하나의 원소를 가려낸다. 바로 금이다.

헬륨(He), 아르곤(Ar), 네온(Ne)을 포함해 주기율표의 오른쪽에 자리한 열 개의 원소가 제일 먼저 제거된다. 이유는 명백하다. 모두 상온에서 기체 상태이기 때문에 그냥 흩어져버린다. 돈으로서는 전혀 가치가 없다.

기체와 함께 수은(Hg), 브롬(Br) 같은 원소는 상온에서 액체 상태라 기체만큼이나 실용성이 없으니 제거해도 된다. 비소(As)는 독성 때문에 탈락이다.

다음으로 주기율표의 왼쪽에는 마그네슘(Mg), 칼슘(Ca), 나트륨(Na) 같은 12개의 알칼리성 원소가 있다. 이것들도 물과 접촉하면 용해되거나 폭발하기 때문에 돈으로 쓸 수 없다. 비 오는 날을 위해 돈을 아껴두는 건 좋은 생각이지만, 비가 오자마자 돈이 녹아버린다면 그래봐야 소용없는 일이다.

그 밖에 우라늄(U), 플루토늄(Pu), 토륨(Th) 같은 원소는 방사능 물질이라는 단순한 이유로 제거된다. 암을 유발할지 모르는 돈을 지니고 다닐 사람은 아무도 없다. 여기에는 실험실에서만 만들어진 30여 개의 방사성 원소가 포함되는데, 생성되고 얼마 안 되어 소멸해버리는 아인슈타이늄(Es) 같은 원소가 대표적이다.

다른 원소들도 각기 고유한 속성 때문에 돈으로는 부적합하다. 철(Fe), 구리(Cu), 납(Pb) 등은 녹이 슬고 부식하기 때문에 최종 심사에서 탈락한다. 중앙은행이 우리 돈의 가치를 떨어뜨리는 것만으로도 속상한 일이다. 스스로 가치가 떨어지는 돈을 원하는 사람도 아무도 없다.

롤럿과 셸라의 주기율표 여행은 계속 이어진다. 알루미늄(Al)은 너무 물러서 동전으로 쓸 수 없다. 티타늄(Ti)은 고대 문명이 가지고 있던 원시적인 장비로 제련하기에는 너무 단단하다.

이렇게 하나하나 지워나가다 보면 딱 8개의 후보가 남는다. 이른바 고귀한 금속이라 불리는 원소들인데, 주기율표의 중앙에 자리한 이리듐, 오스뮴, 루테늄, 백금, 팔라듐, 로듐, 은, 그리고 금이 그 주인공이다. 이들은 모두 희귀 원소다. 그나마 은과 금이 화폐 공급량을 맞추기에 충분한 양을 갖추고 있다. 나머지는 너무 희귀해서 도저히 돈으로 사용할 수 없거나, 녹는점이 너무 높아서 추출하기가 어렵다.

결국 롤럿은 이런 결론에 도달한다.

이런 과정을 거쳐 은과 금, 두 개의 원소밖에 남지 않았다. 둘 다 귀하기는 하지만, 말도 안 될 만큼 희귀하지는 않다. 둘 다 상대적으로 녹는점이 낮아서 동전이나 주괴, 장신구로 만들기도 쉽다. 은은 공기 속에 섞인 극소량의 황과 반응해 색이 변한다. 그래서 우리는 금에 특별한 가치를 둔다.

_저스틴 롤럿, "왜 우리는 금을 높이 평가하는가?", (BBC 월드 서비스 매거진, 2013년 12월 8일, www.bbc.com/news/magazine-25255957)

금(Au)은 또 하나의 치명적인 매력을 지닌다. 금은 색이 금색이다. 공기에 노출되면 초록색으로 변하는 구리를 제외한 다른 금속들은 모두 은색을 띤다. 아름다움이 돈의 필수 요소는 아니다. 그래도 금이 다른 모든 기준을 당당히 통과했다는 사실을 고려하면, 빛깔이 좋아서 나쁠 것은 없다.

우리 선조들은 현대의 비평가들이 주장하듯 반짝이고 아름답다는 이유만으로 금을 선택한 것은 아니다. 금은 희소성, 가단성, 안정성, 내구성, 균일성 등 필수적인 모든 물리적 속성을 가진 유일한 원소여서, 가치를 물리적으로 저장하기에 가장 믿음직하고 실용적이다. 우리보다 더 슬기로운 선조들이 괜히 금을 선택한 게 아니다.

물론 이런 여러 장점 때문에 금이 '반드시' 돈으로 사용되어야 한다는 뜻은 아니다. 요즘은 디지털 형태로 존재하는 돈도 많다. 디지털 정보를 저장하는 전자 역시 녹이 슬지 않고, 너무 희귀하지도 않다.

돈이 '디지털' 형태라는 이유만으로 물질세계의 일부가 아니라고 볼 수는 없다. 역시 주기율표의 범주를 벗어나지 않는다는 뜻이다. 디지털 화폐는 전하를 띤 아원자 입자의 형태로 실리콘 (Si) 칩에 저장된다. 전하는 해킹을 당하거나 삭제될 수 있다. 금 원자(원자번호 79)는 중국과 러시아의 사이버 군대가 공격을 퍼부어도 삭제되지 않을 만큼 안정적이다. 금은 사이버 시대에도 최고의 돈이다.

금은 투자가 아니다

금은 리스크가 없고 수익도 내지 않으니 투자가 아니다. 워런 버핏이 금은 수익을 내지 않으니 부의 증식 수단이 되지 못한다고 말한 일화는 유명하다. 맞는 말이다. 금은 리스크가 없으니 수익을 낼 수 없다. 1온스의 금을 사서 10년을 가지고 있다 한들, 더도 덜도 아닌 1온스의 금일 뿐이다. 물론 10년 세월이라면 금의 온스당 '달러 가격'은 엄청나게 변할 수도 있다. 이것은 달러의 문제지 금의 문제가 아니다.

투자해서 수익을 내려면 리스크를 안아야 한다. 금의 경우, 그런 리스크가 어디에 있을까? 금은 그냥 금이니, 만기 리스크가 없다. 5년 후 만기가 돌아와야 금으로 '성숙'하는 것이 아니다. 오늘 금이면 앞으로도 계속 금이다. 금은 발행자 리스크도 없다. 금을 발행한 사람이 아무도 없기 때문이다. 내가 금을 가지고 있으면, 그것은 내 소유의 금이다. 다른 누구의 부채가 아니다. 금은 상품 리스크도 없다. 상품과 관련해서는 다른 리스크도 고려해야 한다. 내가 옥수수를 사면, 걱정이 시작된다. 벌레먹으면 어떡하지? 맛없는 옥수수면? 석유도 마찬가지다. 세상에 알려진 석유의 등급만 75가지에 이른다. 하지만 순금은 원자번호 79인 하나의 원소일 뿐이다. 한 번 금은 영원한 금이다.

금은 상품이 아니다

금은 산업상의 용도가 거의 없다. 극소수의 예외를 제외하면 생산 과정의 중요한 투입 요소가 아니므로 상품이라고 보기 어렵다. 다른 상품은 어떨까? 구리는 전선과 파이프를 만드는 데 사용되고, 은 역시 귀금속으로 가공되는 것 외에도 산업상의 여러 용도를 지닌다. 다른 광물 자원은 제조와 생산에 투입되지만, 금은 그렇지 않다. 전자제품의 코팅이나 연결 부위에 사용되는 경우가 있기는 하지만, 극히 제한적이라 무시해도 좋을 정도다.
 금이 상품거래소에서 거래되고, 유명 웹사이트의 상품 란에 소개되는 것은 사실이다. 상품거래소에 나간 리포터가 금 가격의 변동 상황을 숨 가쁘게 보도하기도 하지만 그런다고 해서 금이 상품이 되지는 않는다. 투자자들은 이 점을 이해하는 게 중요하다. 상품에 영향을 미치지만 금에는 같은 방식으로 영향을 미치지 않는 변수가 많기 때문이다.

대공황 당시의 상황을 생각해보자. 당시 가장 골치 아픈 문제는 디플레이션이었다. 상품 가격과 산업 생산이 말도 못 하게 곤두박질쳤다. 하지만 1929년부터 1933년까지 금의 달러 가격은 꿈쩍도 하지 않고 온스당 20.67달러로 고정되어 있었다. 금은 상품의 역할이 아니라 화폐의 역할을 담당한 것이다.

1933년 4월 초, 미국 정부는 인위적으로 불과 몇 달 사이에 금 가격을 온스당 20.67달러에서 35달러로 올렸다. 정부가 금 가격을 올린 것은 인플레이션을 유도하기 위해서였다. 정부는 디플레이션을 빠져나오기 위해 혈안이었고, 정부의 명령으로 금이 그 길을 주도했다. 이내 주식과 상품 가격이 뒤를 이었다. 금은 하나의 상품처럼 움직이지 않았다. 명실상부한 화폐의 역할을 한 것이다. 요즘도 디플레이션을 두려워하는 정부들은 국가부채의 부담을 줄이기 위해 인플레이션을 추구한다. 금은 중앙은행이 기를 써도 만들어내지 못하는 인플레이션의 촉매 작용을 또다시 할 수 있다.

금의 비상품성을 보여주는 또 하나의 예는 2014년 원자재상품지수Continuous Commodity Index와 금의 상관관계다. 이 지수에는 금을 비롯해 철광석, 구리, 알루미늄, 농산물 등 16가지 항목이 있다. 그해 1월부터 11월까지 금은 예상대로 이 지수와 밀접한 상관관계를 보여주었다. 하지만 2014년 11월, 지수는 폭락한 반면 금의 달러 가격은 급격히 상승했다. 이런 불일치는 에너지와 비금속 가격의 폭락(지수 변동의 주범), 그리고 러시아와 중국의 금 수요 상승(금값 변동의 주범)과 맞물렸다. 금은 하루아침에 상품처럼 거래되던 모습을 감추고 화폐처럼 거래되기 시작했다. 우리는 이런 변화를 통해 앞으로 일어날 일을 예견할 수 있다.

금은 종이가 아니다

월 스트리트의 후원자들, 미국의 은행들, 그 밖에 런던금시장연합회LBMA의 회원들이 엄청난 양의 '금 상품'을 만들었다. 그런데 이것들은 진짜 금이 아니라 종이로 된 계약서다.

이런 상품 가운데 하나가 상장지수펀드ETF인데, 그중에서도 GLD라는 티커 심볼ticker symbol이 유독 눈길을 끈다. 이 '티커 심볼'은 이 상품이 진짜 금이 아님을 암시한다. ETF는 일종의 주식이다. 시스템 어딘가에 금이 있기는 있는데, 나는 그 금을 소유하는 것이 아니라 주식을 소유하는 개념이다. 이 주식조차 물리적인 것이 아니라 디지털 형태여서, 쉽게 해킹되거나 삭제될 수 있다.

GLD 이면의 법적 구조는 신탁이며, 수탁자는 금고에 약간의 금 실물을 보관한다. 금 ETF의 경우는 이런 설명이 대체로 사실에 가깝다. GLD의 금고는 런던에 있다. 일단의 지정참가회사Authorized Participant, AP들이 GLD 신탁 주식시장을 조성한다. 골드만삭스, JP모간체이스 등의 대형 LBMA 회원사들이 그런 역할을 한다.

지정참가회사의 활동은 대부분 현물 금 시장과 GLD 주식시장의 차익거래arbitrage로 이루어진다. GLD 주식에 매도 압박이 가해지면 지정참가회사는 시장조성자 자격으로 주식을 사고 현물 금을 공매도할 수 있다. 중개업체는 주식을 수탁자에게 양도하고 대신 금 현물을 수령해 현물 공매도분을 갚은 다음, 주식 가격과 현물 가격의 차액으로 인한 이윤을 챙길 수 있다. 이런 차익거래는 1914년 이전 뉴욕과 런던 사이에 존재했던 '금 현송점gold points' 차익거래와 유사하지만, 지금은 이익을 내기 위해 굳이 금 현물을 북대서양 너머로 주고받을 필요가 없다. 요즘은 차익거래의 흐름에 따라 LBMA 금고, 혹은 GLD 금고에 금을 가만히 모셔둔다.

GLD에 투자하는 이들은 금 현물을 보유하지 못하며 디지털 해킹의 표적이 될 수 있다는 점 외에 다른 리스크도 감당해야 한다. 예를 들어 정부가 뉴욕 증권거래소를 폐쇄해 투자자들이 주식을 거래하지 못하는 상황이 생길 수도 있다. 설마 그런 일이 벌어지겠냐고 말하는 사람이라면 소프트웨어 결함이 있었던 2015년 7월 8일, 태풍 샌디가 기승을 부린 2012년, 그리고 9·11 테러 직후에 실제로 그런 일이 벌어졌음을 상기해야 한다. 다들 알다시피 뉴욕 증권거래소는 제1차 세계대전 발발 당시에도 넉 달 이상 문을 닫았다. 정전이나 그 밖의 기술적 문제로 언제든 거래소가 폐쇄될 수 있다. ETF에 투자하는 순간 그런 디지털시스템 속에 갇히는 셈이다.

런던금시장연합회는 아무런 규제가 없는 선물처럼 작동하는 서류상 계약을 통해 금을 판매하기도 한다. 이런 계약의 근거가 되는 금을 '비할당'계좌 금unallocated gold이라고 하는데, 이는 소유자가 금 현물에 대한 권리를 주장하지 못한다는 뜻이다. 판매자는 금 현물을 일부 가지고 있지만, 모든 비할당계좌의 금 구매자가 한꺼번에 권리를 주장할 경우를 감당하기에 충분한 양은 아니다. 은행은 자신이 보유한 금 현물 1달러에 대해 10달러, 혹은 그 이상의 계약을 판매할 수 있다. 그들은 모든 계약자가 한번에 몰려와 금을 요구하는 사태가 생기지 않기를 바랄 것이다. 그런 일을 감당되고 수 없기 때문이다.

이런 계약으로 금을 보유한 사람이 비할당계좌의 금을 구체적으로 할당해 실제로 보관할 수 있는 금으로 바꾸고 싶으면 일정한 기간을 두고 미리 통보해야 한다. 은행은 그 기간을 이용해 금 현물을 수배해서 계약을 이행한다.

너무 많은 고객이 한꺼번에 금 현물을 요구하면 은행은 계약을 종료하고 그 날짜의 종가로 현금을 지급한다. 고객은 그 가격에 따른 수표를 받겠지만, 금 현물은 손에 넣지 못한다. 이것이 최선의 경우다. 최악의 경우 은행이 부도를 내면 투자자는 아무것도 건지지 못한다.

따라서 이런 서류상 계약으로 금 시장에 가격을 노출할 수는 있겠지만, 이는 금 현물과는 아무 상관이 없다. 만약 수요충격demand shock이나 모두가 미친 듯이 금을 사들이는 패닉바잉panic buying 사태가 벌어져 금 가격이 급등하면, 모든 요구를 받아들일 만큼 충분한 금 현물이 존재하지 않기 때문에 이런 서류상 계약은 파국을 맞이할 것이다. 은행 밖에 보관된 금 현물만이 진짜 금이다.

금은 디지털이 아니다

금은 디지털이 아니라 물리적 통화다. 따라서 금은 디지털 통화의 리스크에 대비하는 보험 역할을 한다.

대부분의 달러는 디지털 통화다. 주머니에 지폐를 몇 장 넣고 다닐 수는 있지만, 마음 놓고 쓰기에 충분한 액수는 아니다. 내가 슈퍼마켓에서 장을 보고 20달러짜리 지폐를 꺼낼 수도 있지만, 보통은 카드를 내밀 것이다.

직장인이 월급을 받을 때도 고용주가 계좌로 이체하는 경우가 많고, 공과금을 낼 때 역시 온라인뱅킹을 이용하는 이들이 많다. 쇼핑을 하러 가면 신용카드나 직불카드를 쓸 때가 더 많다. 우리가 가지고 다니는 현금은 우리의 경제활동 규모와 비교하면 아주 적은 액수일 뿐이다.

세계에서 제일 큰 채권시장인 미국 재무부 시장은 1980년대 초반 이후 종이 증서를 발행하지 않는다. 누군가의 다락방에 케케묵은 종이 증서 몇 장이 굴러다닐지도 모르지만, 오늘날의 미국 재무부채권 시장은 지불시스템과 마찬가지로 완전히 디지털화되어 있다. 현금이 필요하지 않은 디지털 사회가 이미 우리 앞에 펼쳐져 있다. 몇몇 전문가는 이른바 '현금과의 전쟁'에 대한 우려를 나타내기도 한다. 걱정할 것 없다. 현금과의 전쟁은 정부의 승리로 이미 끝났다.

현실적으로, 아무리 정직한 시민이라 해도 지나치게 많은 현금을 가지고 있으면 마약 거래나 테러리즘, 탈세 등의 의심을 사기 십상이다. 그런 의심은 정부의 감시를 불러온다. 금을 보유하지 않은 사람은 부의 디지털화와 함께 가는 수밖에 없다.

디지털 형태의 부는 대규모 정전이나 기반 시설 및 거래소의 붕괴, 해킹, 온라인 범죄의 피해에 노출된다. 10억 달러짜리 포트폴리오를 가지고 있다 한들, 하룻밤 사이에 흔적 없이 사라져버릴지 모른다면 무슨 소용이 있겠는가?

정부가 은행을 폐쇄하고 현금인출기의 프로그램을 수정해 하루에 자동차 연료와 식료품 살 돈 300달러로 인출 한도를 제한해버리면 어떤 일이 벌어질까? 은행에 10만 달러를 예금해두었어도 아무 소용이 없다. 정부는 추후 통지가 있을 때까지 기름값과 식비로 하루 300달러면 충분하다고 말할 것이다.

2013년의 키프로스와 2015년의 그리스 같은 유로존에서 실제로 이런 일이 일어났다. 예금주는 은행이 마비되는 시나리오에 대비한 보험으로 금 현물을 가지고 있어야 한다.

통화 붕괴의 역사와 금 본위제도의 종말

금은 돈이다. 하지만 각국 정부와 경제학자들은 특히 국제통화시스템이 붕괴하고 미국이 달러를 금으로 바꿔주는 태환 제도를 폐지한 1971년 이후 끊임없이 금이 가진 화폐로서의 위상을 깎아내려왔다. 1971년의 통화시스템 붕괴는 그다지 놀라운 일이 아니었다. 국제통화시스템은 20세기에만 1914년, 1939년, 1971년까지 세 차례나 붕괴했고, 1998년과 2008년에는 실로 아슬아슬하게 위기를 모면했다.

오늘날의 국제통화시스템은 대체로 미국 달러에 기반을 두며, 따라서 달러에 대한 신뢰가 무너지고 가치를 저장하는 달러의 역할이 무너지면 또 다른 붕괴가 촉발될 것이다. 이를 놀라운 사건으로 받아들이는 이들도 있겠지만, 사실 이런 붕괴는 대략 30년마다 한 번씩 주기적으로 나타나는 현상이다. 지난 세기 화폐의 역사를 돌아볼 때, 어쩌면 우리는 현재의 국제통화시스템의 종말과 함께 빠른 속도로 다가오는 새로운 시스템을 목격하고 있는지도 모른다.

화폐의 붕괴가 곧 세상의 종말을 의미하지는 않는다. 사람들이 동굴 생활로 돌아가 통조림을 먹게 되지 않는다는 말이다. 통화 붕괴란 주요 금융 및 무역 강국들이 한자리에 모여 앉아 이른바 '게임의 법칙'을 고쳐 쓰는 일을 의미했다. 국제통화시스템을 어떻게 운영할지를 그들이 결정했다는 뜻이다.

예를 들어 1914년 붕괴 이후에는 1922년에 이탈리아 제노바에 모인 열강이 게임의 법칙을 고치고 금 본위제도를 재도입하는 방안을 논의했다. 1939년 붕괴 이후인 1944년에는 뉴햄프셔주 브레턴우즈에서 더 규모가 크고 널리 알려진 국제 통화 회의가 열려 달러-금 본위제도를 중심으로 게임의 법칙이 개정되었다. 닉슨 대통령이 달러를 금과 바꿔주지 않겠다고 선언한 1971년의 세 번째 붕괴 이후에는 일련의 크고 작은 회의가 잇따랐는데, 그중 가장 유명한 스미스소니언 협정이 1971년 12월에 있었다. 게임의 법칙은 이후에도 1985년의 플라자 합의와 1987년 루브르 합의에 이르는 여러 후속 협상을 거쳐 또 한 번

개정되었다.

1971년부터 1980년까지는 미국이 막무가내로 변동 환율제를 밀어붙인 또 한 번의 일시적 혼란기였다. 경제는 곤두박질쳤고 미국은 1973년부터 1981년 사이에 세 차례의 경기침체를 겪었다. 금의 달러 가격은 온스당 35달러에서 800달러로 치솟았다. 인플레이션이 기승을 부리고, 달러 가치는 반토막이 났다.

그러다가 1981년 들어 폴 볼커와 로널드 레이건이 죽어가던 달러를 살려냈다. 이때부터 세계는 새로운 '달러 본위제도', 다른 말로 '킹 달러'의 시대로 접어들었다.

미국은 세상을 향해 금 본위제도가 사라져도 달러가 믿음직한 가치의 저장소 역할을 떠맡을 것이라고 선언한 셈이다. 이는 달러 인플레이션이 끝나고 미국이 달러 투자의 매력적인 목적지가 될 거라는 의미였다. 볼커의 통화정책과 레이건의 조세 및 규제 정책은 이런 목적을 달성했다. 미국의 무역 상대국은 마음 놓고 달러에 정박해도 된다는 확답을 받았다. 건전한 달러 본위제도는 1981년부터 2010년까지 성공적으로 뿌리를 내렸고, 이 시기는 굳건한 경제 성장이 길게 이어진 1980년대와 1990년대를 거쳐 2007년 이전까지 지속되었다.

결국 1870년부터 1971년까지 국제통화시스템은 전쟁 기간을 제외하고 이런저런 금 본위제도를 활용한 셈이다. 하지만 1980년부터 2010년까지 30년 동안 세계는 금 본위제도를 갖지 못했다. 달러 본위제도가 그 자리를 대신했다. 지금의 국제통화시스템에는 아무런 본위제도도, 닻을 내려 정박할 곳도 없다. 2007년 이후 극심한 혼란과 격변, 시장과 경제의 부진이 거듭되는 상황은 조금도 놀라운 일이 아니다.

또 한 번의 붕괴가 시작되면 1922년의 제노바 회의나 1944년의 브레턴우즈 회의 같은 것이 개최될 것이다. 오늘날의 투자자들은 미래를 내다보며 "새로운 게임의 법칙은 무엇이 될 것인가?"라는 질문을 던져야 한다. 피할 수 없는 소용돌이가 시작될 때, 이 질문에 대한 답이 있어야 자신의 순자산을 지킬 포트폴리오를 구성할 수 있다.

금은 사라지지 않는다

닉슨 대통령이 금 창구를 닫아버린 1971년 8월 15일 이후 미국이 금 본위제도와 완전히 결별했다고 믿는 이가 많다. 이후 두 세대에 걸쳐 정책 입안자와 교수들은 금이 국제통화시스템에서 아무런 역할을 하지 않는다는 주장을 학생들에게 주입했다.

진실을 말하자면, 금은 한 번도 사라진 적이 없다. 특권층은 입을 다물다 못해 공공연히 무시하기까지 했지만, 그것이 그들의 진심은 아니었다. 만약 금이 아무 가치도 없다면 미국은 왜

8,000톤이 넘는 금을 가지고 있을까? 독일과 IMF는 왜 각기 약 3,000톤의 금을 가지고 있을까? 중국은 왜 은밀히 수천 톤의 금을 사들였을까? 러시아는 왜 해마다 100톤이 넘는 금을 사들일까? 금이 통화시스템에서 아무 역할을 하지 않는다면, 왜 다들 그렇게 금을 손에 넣지 못해 안달일까?

중앙은행의 입장에서는 사람들에게 돈과 금이 무관하다는 믿음을 심어주어야 필요한 만큼 돈을 찍어낼 권한이 생긴다. 벤 버냉키에서 앨런 그린스펀까지 모두 금은 통화시스템 속에서 아무 역할을 하지 않는다고 그 가치를 평가절하했다. 돈을 통제할 힘이 생기면, 행동과 정치를 통제할 힘이 따라온다. 하지만 누가 뭐라 해도 금은 국제통화시스템의 토대이자 진정한 주춧돌이다.

금과 국제통화시스템

금이 세계 통화시스템으로 돌아오고 있다. 텔레비전에서 흘러나오는 행복한 이야기들과는 정반대의 상황이 전 세계에 번져가는 현실을 보면, 그림자 금 본위제도가 이미 자리를 잡아가고 있고, 금이 곧 돈으로 대우받는 더 공식적인 금 본위제도가 돌아오고 있음이 여실히 드러난다. 먼 미래의 가능성이 아니라,

우리 눈앞에 그 조짐이 나타나기 시작했다는 뜻이다. 금이 무대의 전면에 나서고 있는 증거는 너무나 뚜렷하며, 그런 일이 벌어지는 데는 몇 가지 이유가 있다.

국제통화기금IMF은 세계에서 세 번째로 많은 금을 보유한 곳이다(1위 미국, 2위 독일, 3위가 IMF다. 중국이 사실상 2위일 가능성이 높지만, 중국의 금 보유량은 공개적으로 발표되지 않기 때문에 검증하기 어렵다).

IMF는 일반인들이 그 전문적, 관료적 모습에 근거해 막연히 추측하는 것보다 훨씬 더 큰 힘과 영향력을 발휘하며 국제통화시스템에서 결정적인 역할을 한다. IMF는 조그만 신흥국가의 다정한 친구 같은 모습을 보이려 한다. 하지만 실제로는 이따금 자선단체에 돈을 기부해 자신의 관대함을 과시하고자 하는 탐욕스러운 대기업에 가깝다.

IMF는 1944년의 브레턴우즈 회의를 통해 출범했고, 1940년대 후반과 1950년대 초반에 걸쳐 본격적인 활동을 시작하기까지 몇 년의 시간이 걸렸다. 처음에는 단기적으로 국제수지의 적자를 경험하는 부자 나라들을 위한 단기 대출 업무로 시작했다.

어느 나라가 여러 해에 걸쳐 국제수지 적자를 기록하고 있다고 가정해보자. 적자를 해소하는 방법 가운데 하나는 자국 통화의 가치를 떨어뜨려 수출 경쟁력을 강화하는 길이다. 하지만 브레턴우즈의 고정환율제 아래에서는 통화의 가치를 떨어뜨리는 것이 허용되지 않는다. 그 대신 IMF가 대출을 내주어 경제구조를 개혁할 시간을 벌어줄 수 있다. 이런 개혁에는 노동비용을 절감하거나, 생산성을 향상하거나, 투자 여건을 개선하는 등 자본계정을 흑자로 바꾸는 데 필요한 여러 조치가 포함된다. 이렇게 해서 자본계정이 흑자로 돌아서면 IMF의 단기 대출을 상환할 수 있게 된다.

극단적인 경우에는 IMF가 평가절하를 허용하기도 하는데, 이는 다른 모든 통화 혹은 구조적 해법이 실패로 돌아간 다음의 이야기다.

이런 단기 대출 시스템은 1960년대 후반부터 1970년대 초반, 영국이 달러에 대한 파운드화의 가치를 절하하고 미국은 금태환을 유예함으로써 파국을 맞이한다. 그 직후에 고정환율제가 사망선고를 받고, 이후로는 변동환율제의 시대가 시작된 것이다.

1980년대 이후, IMF는 불확실한 임무를 붙잡고 거의 20년 동안 광야를 방황했다. 1980년대와 1990년대 초까지 IMF는 신흥시장의 전주錢主역할을 했는데, 이는 브레턴우즈 체제에서 환율을 안정시키는 본연의 임무가 사라진 탓이었다.

1997~1998년의 아시아 금융위기로 IMF의 명성에 심각한 상처가 났다. 아시아 각국의 거리에 유혈이 낭자했는데, 이는 그저 비유적인 표현이 아니다. 인도네시아의 자카르타에서 폭

동이 발생했고, 한국의 서울에서도 많은 사람이 죽었다. 노벨상 수상자인 조지프 스티글리츠를 비롯한 많은 이들은 지금도 이 금융위기를 IMF의 섣부른 조언 탓으로 돌린다.

2000년으로 접어들자 IMF는 뭍으로 떠밀려와 바다로 돌아갈 길을 잃어버린 고래 같은 신세가 되었다. IMF가 무엇을 하는지, 어떻게 해야 하는지 제대로 아는 사람이 아무도 없었다. 2006년 무렵에는 아예 IMF를 없애야 한다는 여론까지 생겨났다.

그러다가 죽어가던 IMF를 되살린 묘한 일이 발생했다. 2008년 전 세계를 강타한 금융위기 때 갑자기 IMF가 다시 전면에 나선 것이다. IMF는 사실상 선진국과 신흥국가들이 모인 G20의 사무국 같은 역할을 떠맡았다. G20은 일종의 이사회와 같은 기능을 했고, IMF는 이 이사회의 뜻을 실행에 옮기는 참모와 다를 바 없었다.

물론 IMF에도 자체적인 이사회 역할을 할 조직이 있지만, 흥미롭게도 그 회원국의 면면을 들여다보면 상당수가 G20의 회원국과 겹친다. G20의 회원국과 IMF 집행위원회를 구성하는 24개국은 대체로 같다고 해도 과언이 아니다. G20은 각국을 대표하는 정상들의 모임으로 실무진이 없는 반면, IMF는 잘 조직된 실무진을 두고 있다. 2009년 이후 G20 정상회담은 IMF의 기술적 능력, 실무진, 분석가 등과 밀접한 연관을 맺고 일해왔다. 이 새로운 대출기관은 우크라이나와 그리스의 예에서 보듯 상당히 정치적인 성향을 보인다.

IMF가 언제나 부자 나라들의 클럽이었다는 사실은 분명하다. IMF의 의결시스템은 규약 변경이나 대규모 대출안의 승인 같은 굵직한 사안에 대해 85퍼센트의 찬성표를 요구한다. 그런데 미국이 의결권의 16퍼센트를 차지한다. 다른 국가들의 표를 다 합쳐도 미국의 반대를 극복하지 못한다는 뜻이다. 물론 이런 현상은 우연이 아니다. 미국은 언제나 IMF에서 제일 큰 목소리를 내는 나라였다. IMF 본부 건물도 워싱턴 D.C.에 있다.

국제 금융계의 큰 안건 가운데 하나는 IMF의 이런 의결 구조를 바꾸는 것이다. 만약 이 문제를 전 세계의 GDP 가운데 해당 국가가 차지하는 비중이 어느 정도냐 하는 관점으로 접근해서 이를 그 국가의 IMF 의결권과 비교한다면, 부자 나라일수록 지나치게 의결권을 많이 가져가고 신흥시장은 상대적으로 적다는 사실을 알 수 있다. 중국이 좋은 예다. 중국은 세계 GDP의 14퍼센트를 차지하지만, IMF에서의 의결권은 최근까지도 5퍼센트 미만이다. 중국에 더 큰 목소리를 부여하는 입법안이 2015년에 미국 의회를 통과했다. IMF의 위계질서에서 중국이 차지하는 위상을 인정하는 것은 미국 달러에 대한 환율 조작이라는 전쟁에서 중국이 보여준 행동이 미국의 마음에 들었기 때문이다.

이제 IMF는 부자 나라에 돈을 빌려주는 본연의 임무로 돌아왔고, 그중에서도 압도적으로 많은 돈이 유럽으로 들어간다. 보츠와나, 말리, 자메이카 같은 가난한 나라들 대신 폴란드, 그리스, 포르투갈, 아일랜드, 그리고 정치적인 이유로 우크라이나 같은 나라에 IMF의 자금이 투입된다.

이렇게 돈 잔치를 벌이려면 IMF도 새로운 자금원을 찾아야 한다. 돈을 빌려주고 싶은데, 빌려줄 돈을 어디서 구할 것인가? 은행은 예치금을 유치하거나, 중앙은행에 자산을 담보로 제공하거나, 혹은 허공에서 돈을 만들어낼 수도 있다. 반면 IMF에는 고객의 예금을 받을 창구가 없다. 그래도 돈을 빌려올 수는 있다. 어음을 발행하면 된다. 재미있는 것은 이 어음의 단위가 달러로 표시되지 않는다는 점이다. 달러가 아니라 특별인출권^{SDR}으로 표시된다. 그 가치는 시장에서는 매일 요동치지만 이 글을 쓰는 현재 1SDR은 1.38달러가량의 가치를 가진다.

그렇다면 SDR이란 무엇일까? 한마디로 세계 화폐라고 할 수 있다. 하지만 우리가 주머니에 넣고 다니는 화폐와는 다르다. 현금 인출기에서 SDR을 한 다발 뽑을 수도 없다. 그래도 SDR은 여전히 돈이고, 달러의 힘이 시들면서 세계 금융에서 차지하는 역할도 점점 커지고 있다. 실제로 IMF에는 SDR을 다른 경화^{硬貨}로 바꿔주는 창구가 있다. 이 과정이 어떻게 작동하는지 간단한 예를 하나 들어보자. IMF는 2009년에 1,827억 SDR을 발행했다. 현재 환율로 2,550억 달러에 해당하는 액수다. IMF는 쿼터에 따라 SDR을 발행하는데, 이 쿼터는 각 국가의 지분을 가리

키는 용어다. 만약 내가 IMF에 5퍼센트의 쿼터를 가지고 있고 IMF가 1,000억 SDR을 발행한다면, 나는 50억 SDR 혹은 총 발행액의 5퍼센트를 받게 된다. 많은 IMF 가입국은 쿼터를 가지고 있지만, SDR이 필요하지 않은 나라는 다른 경화를 원할 것이다.

헝가리가 좋은 예다. 2000년대 초에 헝가리의 은행들은 고객에게 두 가지 통화로 담보대출을 제공했다. 고객들은 현지 통화인 포린트화로 대출을 받을 수도 있고, 빈이나 취리히의 유럽은행이 제공하는 스위스프랑으로 대출을 받을 수도 있었다. 스위스프랑의 담보대출 이자는 약 2퍼센트인 반면 포린트화의 이자는 9퍼센트에 달했으니, 대부분의 고객은 이런 환율이 유지될 것이라 믿고 스위스프랑을 선택했다. 하지만 현실은 그렇지 않았다. 포린트화가 급락하자마자 차입자의 소득 대비 부채 비율이 천정부지로 치솟았다. 채무불이행이 속출한 것은 말할 필요도 없다.

만약 내가 헝가리인데 IMF가 나에게 SDR을 주면, 나는 SDR 대신 스위스프랑이 필요하다는 반응을 보일 것이다. 그래야 중앙은행이 현지 은행들의 은행 간 대출을 상환하는 데 도움을 줄 수 있기 때문이다. 나는 IMF의 거래 창구에 전화를 걸어 "나에게 줄 SDR 대신 달러를 주세요" 하고 부탁한다. IMF는 중국에 전화를 걸어 "혹시 SDR 안 필요해요?" 하고 묻는다. 중국이 "예,

필요해요" 하고는 IMF에 달러를 보내고 SDR을 받는다. 달러를 받은 헝가리는 그걸 팔아서 산 스위스프랑으로 은행을 구제한다. 이것이 SDR을 필요한 다른 경화로 바꾸는 방법이다.

IMF는 유동성 위기가 발생하지 않는 한 SDR을 발행하지 않는다. 다음에 또 유동성 위기가 세계를 덮치면, 그 규모는 연준과 다른 중앙은행들이 감당할 수 있는 범위를 넘어설 것이다. 연준은 지난번 위기에 대처하느라 대차대조표상의 여력을 다 소진했다. 말하자면 실탄이 떨어졌다. 연준은 대차대조표를 되살릴 능력이 없고, 이런 사정은 앞으로 10년 이상 이어질 가능성이 크다. 다른 중앙은행들도 마찬가지다. 신뢰를 파괴하지 않고 돈을 찍어낼 능력도 없다. 법적으로야 가능할지 모르지만, 그러기에는 이미 그들의 신뢰도가 한계에 와 있다.

이렇게 새로운 유동성 위기가 닥치면 세계는 IMF를 향해 손을 벌릴 것이고, SDR 발행으로 위기를 넘길 것이다. 이런 과정을 아는 사람이 극소수기 때문에 이로 인한 신뢰의 붕괴는 일어나지 않을지도 모른다. 하지만 이렇게 대규모로 SDR을 발행하면 달러 쪽에서 극심한 인플레이션이 발생할 것이다. 그런데도 워싱턴의 정치인들은 IMF를 무책임한 기관이라고 비난한다.

SDR을 대량으로 발행할 때 나타나는 효과 가운데 하나는 달러로 표시되는 자산의 실제 가치가 파괴되어 자본형성이 지체되는 현상이다. 이런 폭풍우의 유일한 피난처는 금을 포함한 안전자산이다. 요즘의 현명한 개인 투자자들은 이런 방향으로 포트폴리오를 구성하며, 러시아와 중국을 비롯한 주요 강대국들도 마찬가지다.

사람들이 IMF와 SDR이라는 해법에 대한 신뢰를 상실하면 어떻게 될까? 누가 IMF를 구원해줄까? 지금으로서는 구원해줄 사람이 아무도 없다. IMF에 기대는 것은 내리막길에서 깡통을 차는 것과는 다르다. 오히려 위층으로 깡통을 차올리는 것에 가까워서, 개인 부채를 국가부채로, 나아가 IMF가 발행한 다자간 채무로 바꿔놓는 결과를 가져온다. IMF는 꼭대기 층의 펜트하우스다. 더는 깡통을 위로 차올릴 재간이 없다. IMF의 힘은 그들이 보유하고 있는 3,000톤의 금과, 미국과 유럽에 보관된 IMF 회원국의 금에서 나온다.

이것이 내가 줄기차게 금 이야기를 꺼내는 이유다. 나는 금과 돈의 비율, 금과 GDP의 비율을 계산한 결과 금의 달러 가격이 온스당 1만 달러 이상으로 오를 것이라고 예상한다. 국가가 발행한 지폐에 대한 신뢰가 사라진 뒤에 다른 종류의 법정 화폐, 특히 SDR을 이용해 경제를 살리려는 시도가 무슨 도움이 될까? 만약 그런 시도가 통한다면 그 이유는 두 가지밖에 없다. 첫째는 그걸 이해하는 사람이 거의 없다는 점이고, 둘째는 우리 주머니에 SDR이 없다는 점이다. SDR은 국가들 간에 사용될 뿐 개인이 사용하는 것이 아니다. SDR은 투명하지도 않다. 충분한 양의 SDR이 발행되면, 그것은 분명하게 존재할 뿐 아니라 상당한 인플레이션을 유발할 것이다. 그런데도 우리 눈에 보이지 않는 이유는 SDR이 지금까지 나온 돈 가운데 가장 기술적이고 추상적인 돈이기 때문이다.

만약 SDR이 통하면, 그 이유 가운데 하나는 그것을 이해하는 사람이 그만큼 적기 때문이다. 사람들이 이해하는 순간 신뢰는 사라질 것이다. 이런 시나리오에서는 금이 유일한 해법이다.

그림자 금 본위제도

세계 각국은 준비자산을 다변화하기 위해 금을 확보하는 노력에 더욱 속도를 붙인다. 이런 추세는 미국과 유로존, IMF가 보유한 막대한 금 보유고와 결부되어 그림자 금 본위제도를 향해 가고 있다.

각국의 그림자 금 본위제도를 평가하는 제일 나은 방법은 금이 GDP에서 차지하는 비중을 살펴보는 일이다. 공식적인 수치를 활용하면 어렵지 않게 이 비중을 구할 수 있고, 국가 간의 비교를 통해 진정한 금 강대국이 어떤 나라인지 알 수 있다.

승리자, 즉 금이 가지는 힘의 중심지는 유로존을 형성해 유로를 발행하는 19개 국가다. 그들은 GDP 대비 4퍼센트가 넘

는 금을 보유한다. 미국은 1.7퍼센트다. 흥미로운 것은 러시아
가 2.7퍼센트에 달한다는 점이다. 러시아가 보유한 금은 미국
의 8분의 1밖에 되지 않지만, 경제 규모 역시 미국의 8분의 1이
기 때문에 금이 차지하는 비중은 더 높다. 러시아는 더 많은 금
을 확보하기 위해 노력하는 국가 가운데 하나이며, 그런 점에서
는 유로존과 경쟁을 펼치는 듯이 보인다. 일본, 캐나다, 영국은
경제 대국이지만 GDP 대비 금의 비율은 1퍼센트가 채 되지 않
는다.

　가장 흥미로운 사례는 중국이다. 중국의 공식적인 금 보유량
은 2015년 7월 현재 1,658톤으로 알려졌다. 그러나 우리는 채
광량과 수입 통계 등 믿을 만한 여러 정보를 통해 중국의 실질
적인 금 보유량이 4,000톤에 육박한다는 사실을 안다. 나는 공
식적인 자료는 물론, 제련업계와 보안물류업체 등 실제로 금 현
물을 다루는 사람들에게서 입수한 정보를 내 추정치에 포함했
다. 대체로 이런 최소한의 추정치를 뒷받침해줄 믿을 만한 정보
는 차고 넘친다. 실제로는 중국의 금 보유량이 4,000톤을 훨씬
넘을 가능성도 크다.

　중국 역시 러시아와 마찬가지로 금의 비중을 미국이나 유럽
에 필적할 정도로 끌어올리기 위해 노력하는 중이다. 통화시스
템이 붕괴하면 금-GDP 비율은 아주 중요한 의미를 갖게 된다.
이것이 통화시스템의 재편과 새로운 '게임의 법칙'을 좌우할 것

이기 때문이다.

통화시스템이 재편되려면 여러 나라가 한 테이블에 머리를 맞대고 둘러앉아야 한다. 이 장면을 포커판으로 가정해볼 수 있다. 포커판에 앉으면 누구나 자기 앞에 칩을 수북이 쌓아두고 싶어 한다. 이런 칩의 역할을 하는 것이 바로 금이다. 이는 세계가 자동으로 금 본위제도를 채택하게 된다는 뜻이 아니다. 각 국가가 이 포커판에서 얼마나 큰 목소리를 낼 수 있는지가 금 보유량에 따라 좌우된다는 뜻이다.

전 세계의 공식적인 금 총량은 3만 5,000톤밖에 되지 않는다. '공식적인'이라는 수식어는 각국의 중앙은행, 재무부, 국부펀드 등이 보유한 금을 의미한다. 금으로 만든 장신구나 개인이 보유한 금은 포함되지 않는다.

중국은 지난 7년 사이에 3,000톤 이상의 금을 매입했는데, 이는 전 세계의 공식적인 금 가운데 거의 10퍼센트에 해당한다. 금이 급격하게 중국 쪽으로 쏠리고 있다는 뜻이다. 이런 매수 프로그램은 중국의 불투명성을 설명해준다. 금 시장은 유동적이지만 거래량은 그리 많지 않다. 만약 중국의 의도와 움직임이 그대로 드러나면 금값은 크게 오를 가능성이 크다. 거래량이 많지 않은 시장에 강력한 매입자가 나타나면 늘 이런 현상이 빚어진다. 중국은 매수 프로그램이 완료될 때까지 가능한 한 금값이 오르지 않기를 원할 것이다.

중국은 국제통화시스템이 붕괴하고 세계가 판을 새로 짜야 하는 상황이 올 때 포커판의 제일 상석을 차지할 수 있는 금을 확보하려고 노력하고 있다. 캐나다, 호주, 영국 같은 금-GDP 비율이 낮은 국가들은 테이블에서 멀리 떨어진 벽 쪽에 자리하게 될 것이다. 이런 금 약소국들은 세계적 규모의 통화 재편기에 구경꾼이 될 수밖에 없고, 미국과 유럽, 러시아와 중국이 만들어낼 시스템 속에서 밀려나지 않으려고 자기네끼리 경쟁할 것이다. 이 시나리오에서는 독일이 유럽을 대변하게 되고, 따라서 미국-독일-러시아-중국이 주도하는 새로운 통화시스템을 IMF가 관리하는 세상이 될 것이다. 금 강대국들은 이미 그런 결과를 준비하고 있다. 내가 그림자 금 본위제도를 언급하는 이유도 바로 이것이다.

결론

금은 돈이다. 정책 입안자와 경제학자들의 무관심 속에서도 금은 여전히 강력한 부의 저장 수단으로 남아 있으며, 세계의 통화시스템에서 중요한 위치를 차지하고 있다. 어떤 면에서는 1975년 당시 더 이상 금이 통화의 기준점이 아니었음에도 IMF의 공식적인 준비포지션에서 금의 역할을 역설한 프랑스에 감사해야 할지도 모른다.

경제학자들은 별로 금에 관심이 없는 듯이 보인다. 통화의 맥락에서 금을 연구하는 학자도 없다. 하지만 금은 한 번도 사라진 적이 없다. 지금도 여전히 막후에서 영향력을 발휘한다. 금은 여전히 국제통화시스템 속에서 자신의 위치를 지키고 있고, 앞으로 그 중요성은 더욱 커질 것이다.

금을 이해하면 국제통화시스템의 미래를 예측할 준거틀이 생긴다. 이제부터는 슬기로운 투자자들이 21세기의 우리가 마주하는 복잡하고 불안정한 경제 상황에 대비하기 위해 어떻게 금 현물에 투자하고 있는지를 살펴보기로 하자.

3장

금은 보험
이다

앞에서 이야기했듯이 금은 투자나 상품이 아니고, 서류상의 계약이나 디지털 형태의 무언가도 아니다. 금은 단순하다. 원자번호 79번의 원소일 뿐이다. 복잡한 것의 반대다. 국제통화시스템의 붕괴와 금융시장의 복잡성 앞에서도 끄떡도 하지 않는다. 금은 지금과 같은 경제 상황과 불안정한 통화시스템에 대비하는 보험과도 같다.

금은 복잡성과는 거리가 먼 자산이며, 따라서 복잡한 세상을 살아가는 투자자가 반드시 보유해야 할 자산이다. 내가 말하는 복잡성이라는 개념이 무슨 뜻인지, 금이 어떤 식으로 복잡계의 리스크에 대비하는 보험 역할을 하는지 살펴보자.

복잡계 이론과 시스템 분석

세계 경제의 상태와 붕괴 위험성을 분석할 때 나는 복잡계 모델을 이용한다. 복잡계 이론은 조밀하게 연결된 네트워크 속에서 재귀함수들이 미치는 영향을 연구하는 물리학의 한 갈래다. 그 영향을 연구하기 위해서는 각각의 노드node가 서로 어떻게 연결되고 어떤 상호작용을 주고받는지를 알아야 한다. 상호작용은 행동의 변화, 즉 적응행동adaptive behavior으로 이어지고, 이는 전혀 예상하지 못한 결과를 도출할 수 있다. 그러나 연준은 확률론적인 균형모델에 의존하는데, 이는 현실 세계의 변화를 제대로 대변하지 못하는 모델이다.

용어가 조금 혼란스러워 보일지 모르지만 개념 자체는 별로 어렵지 않다. 균형모델이란 무엇을 의미할까?

투자를 비행기로 생각해보면 이해하기가 쉽다. 비행기는 알루미늄과 철, 그 밖의 여러 무거운 부품으로 이루어지지만, 고도에서 하늘을 난다. 어떻게 그런 일이 가능할까? 비행기는 특정한 형태로 설계되고 제작된다. 날개의 아래쪽은 평평하고 위쪽은 곡선으로 되어 있어서 날개 위로 지나가는 공기보다 밑으로 지나가는 공기의 양이 훨씬 많다. 윗부분의 곡률 때문에 공기가 많이 지나가지 못하는 것이다. 이런 형태적 요소에서 양력이 발생한다.

비행기는 어떤 방법으로 날개 아래쪽으로 더 많은 공기가 지나가게 만드는 것일까? 비행기의 엔진은 추진력을 제공한다. 추진력과 양력이 합쳐져 비행기가 공중에 뜨는 것이다. 하지만 관제탑에서 이쪽 말고 저쪽으로 가라고 요구하면 방향을 바꾸어야 한다. 그러기 위해 비행기는 방향타를 이용한다. 아래로 내려가야 할 때는 플랩flap을 이용해 날개 아랫부분의 형태를 바꾼다. 대충 이런 식이다.

이제 연준이 비행기 조종석에 앉아 조종간을 잡은 장면을 상상해보자. 연준은 플랩을 이용해 날개의 형태를 바꿀 수 있고, 엔진 출력을 조작해 추진력을 높이거나 낮출 수 있으며, 조종간을 이용해 왼쪽이나 오른쪽으로 방향을 틀 수 있다. 비행기가 난류를 만나면 조종사는 고도를 높여 난류 위로 지나감으로써 기체의 요동을 최소화한다. 고도가 떨어지면 추진력이나 양력을 높여 위로 올라간다.

연준 의장은 워싱턴의 집무실에 앉아 경제라는 비행기의 속도나 고도가 부족하다고 생각하면 돈을 더 찍어내 엔진의 출력을 높이고, 선제 안내forward guidance라는 개념으로 조종간을 당기거나, 양적완화라는 개념으로 부족한 양력을 보완함으로써 비행기를 목적지까지 데려가려 한다. 이것이 균형모델이다.

이 모델에는 딱 하나 문제점이 있다. 경제는 균형계가 아니라는 점이다. 경제는 복잡계다. 복잡계는 또 뭐지? 비행기가 갑자기 나비로 변했다고 상상해보자. 이것이 복잡계의 예다.

복잡계는 예상하지 못한 결과를 초래할 때가 있는데, 이를 창발성 emergent property 이라고 한다. 간단히 말해서 내가 보고 있지 않은 사이에 무슨 일이 벌어진다는 뜻이다. 앞의 이야기로 돌아가서, 연준은 모든 통화정책을 이용해 비행기를 조종하려 하지만, 복잡계의 리스크 때문에 비행기는 우리의 예상을 완전히 벗어나는 방향으로 움직인다.

은행시스템을 살펴보자. 은행들은 2008년 금융위기의 상처에서 회복되지 않았으며, 애초에 위기를 초래한 문제점들을 해결하지도 못했다. 우리는 은행의 대차대조표가 튼튼해졌고 은행의 자본 비율도 높아졌다고 말하는 평론가와 규제당국의 말을 자주 접한다. 틀린 말은 아니지만, 리스크와 비교할 때 아직 은행들이 건전성을 회복했다고 말하기는 어렵다. 시스템도 여전히 불안정하다.

현재 미국에서 다섯 손가락 안에 꼽히는 은행들은 2008년보다 더 몸집이 커졌다. 총자산의 비율이 높아졌고 파생상품도 훨씬 많아졌다. 2008년 당시 '대마불사'를 외치던 은행들은 오늘날 더 커지고, 더 위험해졌다.

파생상품을 매개로 서로 얽힌 채 비즈니스를 운영하는 소수의 은행에 자산을 집중해두면, 투자 집중도가 높아진다. 이는 시스템 내부의 어디선가 아주 사소한 문제가 하나만 발생해도 그 동요가 급속하게 시스템 전체로 퍼진다는 뜻이다. 이를 흔히 전염, 혹은 IMF의 용어를 따라 스필오버 spillover, 일출효과라고 부른다. 전염이든 스필오버든, 은행시스템 전체에 도미노효과를 가져온다는 점에서는 다르지 않다.

복잡계가 더욱 골치 아픈 것은 대부분의 파국이 초기 조건의 지극히 사소한, 알아차리기 어렵고 측량하기는 더더욱 불가능한 변화에서 비롯된다는 점이다. 엄청난 원인이 있어야만 엄청난 결과가 생기는 것이 아니다. 지구 한구석에서 발생한 어느 이름 없는 브로커의 파산 같은 예기치 못한 사태가 파산 시점의 연결 고리와 맞물려 시스템 전체의 붕괴를 초래할 수도 있다.

비유를 하나 들어보자. 어느 높은 산의 정상 부근에 가파른 경사지가 있다. 이곳에 몇 주 동안 눈이 내려 쌓인다. 눈사태의 위험을 예견하기란 어렵지 않다. 전문가들은 바람에 날린 눈이 불안정하게 쌓인 지형을 한눈에 알아본다. 그런 상황이라면 언젠가 눈더미가 무너질 것이 분명하다.

한동안은 이런 상태로 버틸 수 있다. 용감한 스키 애호가들은 그 아름다운 경관에 매료되어 위험을 무릅쓰고 이런 곳에서 스키를 타고 싶어 한다.

어느 날 새롭게 눈발이 날리기 시작하더니, 다른 눈송이 몇 개를 자극한다. 그렇게 해서 조그만 눈더미가 미끄러져내리기 시작하고, 규모가 점점 커진다. 거기에 관성까지 합세하면 더 많은 눈이 힘을 합치고, 어느 순간 갑자기 산비탈 전체가 균형을 잃고 쏟아져내리기 시작한다. 미처 피하지 못한 스키어와 그 아래쪽 마을은 삽시간에 눈 속에 파묻히고 만다.

처음으로 돌아가 책임 소재를 따져본다면, 우리는 누구를 비난해야 할까? 새롭게 내리기 시작한 눈송이가 눈사태의 주범일까, 불안정한 상태로 쌓여 있던 눈더미가 주범일까? 당연히 우리는 불안정한 상태로 쌓여 있던 눈더미에 책임을 돌려야 한다. 직접적으로는 새롭게 내리기 시작한 눈송이가 눈사태를 일으킨 게 사실이라 해도, 결국은 언젠가 일어날 일이 터진 것일 뿐이다. 만약 가장 결정적인 바로 그 순간에 떨어진 눈송이가 아니라 해도, 그 전 혹은 후에 떨어진 눈송이가 똑같은 역할을 했을 것이다. 결국 눈사태를 일으키고 큰 피해를 초래한 주범은 산비탈의 불안정성이다. 산비탈에 쌓인 눈더미야말로 붕괴를 기다리는 복잡계인 셈이다.

또 다른 예를 들어보자. 당신이 백 명의 청중과 함께 어느 강당에서 강연을 듣고 있는데, 갑자기 청중 가운데 두 사람이 벌떡 일어나 강당을 뛰쳐나갔다고 생각해보자. 당신은 어떻게 하겠는가? 다른 청중들은? 당신은 아무 반응을 보이지 않을 확률이 높다. 달려가는 두 사람의 행동이 정상이 아니라거나 무례하다고 생각할 것이다. 혹은 그 두 사람이 어디선가 다급한 문자 메시지를 받았거나 다른 약속에 늦었다고 생각할지도 모른다.

어떤 경우든, 당신은 가만히 자리에 앉아 남은 강연을 마저 듣는다.

이제, 갑자기 강당을 뛰쳐나간 사람이 두 명이 아니라 60명이라고 가정해보자. 당신은 어떻게 할 것인가? 다른 사람들은? 장담컨대, 당신은 강당을 뛰쳐나가는 60명이 당신은 알지 못하는 무언가를 알고 있다는 생각에 그들을 쫓아 나갈 것이다. 어딘가에 불이 났는지, 아니면 폭탄이 설치되었다는 신고가 들어왔는지는 모르지만, 당신은 진상을 알아내기 위해 마지막 순간까지 자리를 지키고 싶지는 않을 것이다. 잽싸게 강당을 빠져나가는 게 상책이다.

이는 '임계점'이라고 하는 변수에 근거한 적응행동의 사례다. 임계점이란 다른 사람의 행동이 나의 행동에 영향을 미치는 지점을 의미한다. 위의 예에서 당신이 강당에서 피신하는 임계점(T)은 2보다 크고 60보다 작다. 수학적으로 표시하면 $2 < T < 60$이 된다.

사람마다 임계점은 다를 수 있고, 외적인 조건이나 본인의 기분, 그 밖의 변수에 따라 수시로 달라진다. 청중 가운데 몇 사람만 강당을 뛰쳐나간다면, 나머지는 차분하게 자리를 지킬 수도 있다. 하지만 더 많은 사람이 뛰기 시작하면 삽시간에 청중 전체가 패닉에 빠진다. 이런 행동이 시작되는 임계점이 어디쯤일지를 알아내기란 쉬운 일이 아니다.

자본시장의 복잡성을 이해하기 위해 강당에 모인 백 명의 청중이 아니라 매일같이 전 세계의 자본시장, 외환시장, 상품, 증권과 채권, 각종 파생상품 거래에 참여하는 1억 명의 투자자로 그 범위를 확장해보자.

　　내가 주식시장의 투자자인데 어느 날 내가 가진 주식이 떨어지기 시작한다. 나는 같은 주식을 더 사들일 기회가 왔다고 판단할 수도 있다. 그런데 가격이 더 내려간다. 그래도 아직은 버틸 수 있다고 생각한다. 하지만 주가는 계속 떨어지고, 결국 나는 큰 손해를 본다. 나는 어느 시점에 수건을 던져야 할까? 어느 시점에 패닉이 찾아올까? 어느 시점에 "그만 빠져나가야겠어. 내 주식을 팔아치워야 해!" 하는 소리가 나올까? 내가 주식을 팔아서 주가는 더 내려가고, 더 많은 투자자가 주식을 내다 판다. 점점 가속이 붙는다. 초기 조건의 사소한 변화가 엄청난 결과의 변화를 일으키는 사례는 이렇게 시작된다.

　　그리 많은 것이 필요하지 않다. 눈송이 하나, 혹은 불과 몇 사람의 변심이 주위에 영향을 미친다. 관성이 누적되다 보면 결국은 모든 사람이 패닉에 사로잡혀 강당을 뛰쳐나가거나 주식시장이 붕괴한다. 대다수의 사람은 그런 사태를 미리 예견하지 못한다. 복잡계 이론과 그 역학관계에 능통한 사람이라면, 그런 지식이 적어도 피해를 이해하는 데 약간의 도움이 되기는 할 것이다.

최선의 접근법은 눈송이 하나하나에 집중하는 것이 아니라 시스템 전체의 불안정성을 연구하는 일이다. 복잡성을 잘 파악해두면, 눈송이를 보지 않고도 시스템의 붕괴를 예견할 수 있다.

   연준이 균형모델에 집착해 복잡계 이론을 외면하는 한, 그들은 지난 30년 동안 그러했듯이 앞으로도 계속 버블을 파악하지 못하고 시스템의 위기를 과소평가할 것이다. 뛰어난 학식과 경제학 박사 학위가 좋은 모델을 대신해주지 못한다. 잘못된 모델을 적용하면 매번 잘못된 결과에 도달하고 말 것이다.

국제적 네트워크

복잡계 이론은 미국의 통화정책뿐 아니라 전 세계의 자본시장을 이해하기 위해 가장 중요한 경제학의 도구다. 자본시장은 균형계가 아니라 복잡계이기 때문에 모든 중앙은행의 거시적 모델은 구시대의 유물일 뿐이다. 지금 같은 상황이라면 끊임없이 위기와 폭락이 되풀이되는 것도 놀라운 일이 아니다.

   물론 이것이 최근 들어 새롭게 나타나는 현상은 아니다. 주식시장이 단 하루 사이에 22퍼센트나 폭락한 1987년의 경우를 생각해보자. 22퍼센트라면 요즘 기준으로 다우지수 4,000포인트에 해당한다. 다우지수가 하루에 400포인트만 떨어져도 이 소식으로 모든 뉴스가 도배되고 한바탕 난리가 날 것이다. 하물며 4,000포인트라니! 1987년에 실제로 이런 일이 벌어졌다.

1997년에는 아시아가 직격탄을 맞았고, 이후에도 1998년의 롱텀캐피털매니지먼트[LTCM], 2000년의 기술주 붕괴, 2007년의 주택담보대출 사태, 2008년의 금융위기 등이 줄줄이 찾아왔다. 왜 이런 위기가 계속 되풀이되는 것일까? 연준이 조종석에 앉아 비행기를 조종하려 하지만, 경제는 비행기와는 비교가 되지 않을 만큼 훨씬 더 복잡한 영역이기 때문이다.

복잡계의 영역에서 균형계의 모델을 이용해 정책을 실행하려 하면, 시도하는 족족 실패할 수밖에 없다. 따라서 우리는 복잡계를 이해하고 그것이 자본시장에 어떻게 적용되는지 주시해야 한다. 그게 연준의 정책 논쟁을 연구하는 것보다 훨씬 유익하다.

연결과 상호작용, 전염이 생기는 것은 당연한 일이다. 그것이 네트워크의 본성이기 때문이다. 금융 노드가 배치된 방식에 그래프 이론과 네트워크 과학을 적용해보면 그런 결론을 피할 방법이 없다. 문제는 이런 관계가 현실에서는 좀처럼 눈에 보이지 않는다는 점이다. 구체적인 예를 하나 들어보자.

미국의 주택시장 붕괴가 시작된 직후인 2007년 9월에 나는 도쿄에 있었다. 2008년에 리먼 브러더스와 AIG 사태를 거치면서 패닉은 극에 달했다. 그러나 위기는 사실상 2007년 여름에 시작되었다. 도쿄의 주식시장이 흔들리자, 내 일본인 동료들은 처음에는 연관성을 발견하지 못했다. 그들도 미국에서 주택담보대출 문제가 있다는 것은 알았지만, 그것이 일본 시장과 무슨 관계가 있는지 미처 파악하지 못했던 것이다.

나는 그들에게 금융위기가 닥치면 팔고 싶은 것이 아니라 팔 수 있는 것을 팔게 된다는 점을 설명했다. 이번 경우는 미국의 헤지펀드와 레버리지를 끌어온 투자자들이 악성 주택담보대출에 따른 마진 콜margin call을 받는 상황이었다. 그들은 주택담보대출을 팔고 싶겠지만, 당시에는 주택담보대출이나 다른 자산담보증권을 팔 시장이 없었다. 그래서 그들은 일본 주식을 팔기 시작했다. 일본 주식이 싫어서가 아니라 일본 주식의 유동성이 높기 때문에 내다 팔면 다른 곳의 마진 콜을 해결할 현금을 쉽게 조달할 수 있기 때문이었다. 평소에는 두 시장이 밀접하게 연결된 것으로 보이지 않지만, 미국의 주택담보대출 시장에 문제가 생기자 일본의 주식시장이 같이 하락하기 시작했다. 나의 옛 동료이자 노벨상 수상자인 마이런 숄즈는 이것을 '조건적 상관관계conditional correlation'라고 불렀다. 평소에는 존재하지 않던 두 시장의 상관관계가 특정한 조건이 충족되면 어느 날 갑자기 생겨난다는 것이다. 조건적 상관관계는 물리학자가 복합계에서 발견하는 창발성의 완벽한 사례다.

또 하나의 예가 있다. 미국의 인공위성 기술은 통신과 오락은 물론 군사와 첩보 분야에서도 세계 최고 수준이다. 이 분야의 주력 업체는 보잉Boeing이다. 보잉은 미국에서 인공위성을 만들지만, 발사는 러시아에 하도급을 준다. 2014년 이후, 특히 우크라이나 사태를 둘러싸고 러시아와 미국의 관계가 나빠지기 시작했다. 알력이 심해져 무역을 비롯한 여러 분야의 비즈니스 관계가 단절되기 시작하면, 러시아에서 새로운 위성을 발사하지 못해 미국의 첩보망에 구멍이 생길 수도 있다. 우주에 기반을 둔 미국의 첩보 능력 약화와 우크라이나를 둘러싼 미국과 러시아의 지정학적 긴장 고조에 모종의 연결 고리가 숨어 있다. 이 연결 고리는 긴장이 고조되기 시작할 당시만 해도 뚜렷이 드러나지 않았지만, 복잡계의 역학 속에서 '창발'한 셈이다.

전문 분야에서 '복잡성'이라는 단어가 어떤 의미로 사용되는지를 제대로 이해하지 못하면 분석에 어려움이 생긴다. 아직도 이 '복잡성complexity'이라는 단어를 전문가들이나 들먹이는 특수 용어로 취급하거나 일상용어인 '복잡complication'과 혼용하는 사람이 많다.

사실 기술적인 맥락에서는 복잡과 복잡성이라는 두 단어가 전혀 다른 의미를 갖는다. 예를 들어 스위스 손목시계의 뒷면을 뜯어내면 무엇이 보이는가? 톱니, 바퀴, 스프링, 보석, 그 밖의 각종 부품이 보인다. 얼핏 봐도 아주 복잡해 보인다. 그러나 시계 수리 전문가는 뒷면을 열고, 톱니를 분리하고, 깨끗이 닦거나 새 톱니로 교체할 수 있다. 그리고 나서 뒷면을 닫으면 고장난 시계가 새것처럼 작동한다.

이제 똑같은 시계의 뒷면을 열었더니 톱니 대신 걸쭉한 액체 상태의 금속 덩어리가 들어 있다고 가정해보자. 이런 상태라면 톱니를 어떻게 교체해야 할까? 이는 복잡성에 대한 가상의 예로, 시계 부품이 고체 상태에서 액체 상태로 상전이phase transition 한 상황을 가정한 것이다. 이런 상황이라면 아무리 뛰어난 시계 수리공도 실력을 발휘하지 못한다. 낡은 모델이 통하지 않는 것이다.

난로 위에 얹힌 주전자도 마찬가지다. 열을 가해도 처음 얼마 동안은 여전히 주전자 속에 물만 가득하다. 그러나 어느 순간 갑자기 물이 수증기로 변하기 시작한다. 주전자 속에는 똑같은 H_2O 분자들이 들어 있지만, 이 분자들이 상전이를 일으킨다. 물 분자는 이제 다른 상태로 존재한다. 물이 액체 상태에서 기체 상태로 변한 것이다.

물이 끓기 시작한 주전자 속을 들여다보면, 물이 수증기로 변하기 전에 거품이 부글거리기 시작하는 게 보인다. 끓기 시작하는 물 분자를 의인화해보자. 물 분자는 자신이 물로 남을지 수증기로 변할지 '알지' 못한다. 그저 '물-수증기, 물-수증기'만 생각할 뿐, 어느 쪽이 될지 결정하지 못한다. 어느 순간 갑자기 급격한 변화가 일어나면서 물이 수증기로 변한다. 하지만 난로의 불을 끄면, 부글거리던 표면은 다시 물로 돌아간다. 물의 표면에서 일어난 급격한 변화는 각각의 물 분자가 원래 상태(물)에서 다른 상태(수증기)로 바뀌는 것을 의미한다.

이 비유는 오늘날의 세계를 잘 설명한다. 우리는 2007년 이전에 존재했던 과거의 상태를 벗어났지만, 아직 새로운 상태에 도달하지는 못했다. 우리는 거품이 부글거리는 급격한 변화의 소용돌이 속에 있으며, 투자자들은 커다란 혼란을 경험하고 있다.

복잡성과 정책

좋은 소식은 자본시장의 복잡성이 갖는 리스크를 줄이기 위해 정책적 차원에서 취할 수 있는 조치가 아주 많다는 점이다. 나쁜 소식은 정책 입안자들이 그런 방향의 건설적인 발걸음을 한 발짝도 떼고 있지 않다는 점이다. 복잡계는 특정한 크기나 규모를 넘어서는 변화를 견뎌내지 못하기 때문에 붕괴한다. 시스템이 감당하기에 너무 큰 에너지가 투입되거나, 안정을 해칠 만큼 너무 많은 상호작용이 발생하거나, 혹은 둘 다 동시에 나타나는 경우다. 어느 쪽이든 해법은 붕괴가 도래하기 전에 지속 가능한 수준으로 시스템의 규모를 줄이는 방법뿐이다.

애스펀산의 스키 순찰대는 눈사태의 위험이 감지될 때 어떻게 대응할까? 그날의 첫 스키어가 도착하기 전 아침 일찍 능선을 올라가 폭약을 설치한다. 눈더미가 저절로 무너져내려 스키어를 덮치기 전에 안전하게 흘러내릴 수 있도록 미리 손을 쓰는 것이다. 대형 산불의 위험을 감지한 산림청도 마찬가지다. 낙뢰나 캠프파이어로 인해 엄청난 피해를 초래할지 모를 대형 산불이 발생하기 전에 통제 가능한 선에서 마른나무들을 미리 태워버린다.

숲속에 축적된 마른나무의 양, 산비탈에 쌓인 눈의 양은 복잡계의 규모를 측정하는 기준이 된다. 자본시장에도 이런 측정 기준이 있다. 여기에는 파생상품의 규모, 뱅킹시스템의 자산 집중도, 대형 은행의 총자산 등이 포함된다. 이런 것들이 불안정한 눈더미나 마른나무에 해당한다. 산림 감시원이나 스키 순찰대가 시스템의 규모를 줄이는 것과 마찬가지로, 금융정책 입안자들도 주기적으로 뱅킹시스템의 규모를 줄여야 한다.

대형 은행들을 더 작은 단위로 쪼개야 한다. 그 단위들이 각기 유용한 기능을 수행하도록 하고, 그 기능에 맞는 정당한 대가를 지불하면 된다. 그 이상은 안 된다. 대형 은행을 분할한다고 해서 망하지 말라는 법은 없다. 망하더라도 큰 문제가 생기지 않도록 만들자는 뜻이다. 핵심은 실패를 예방하는 것이 아니다. 실패하더라도 치명적인 파국이 생기지 않도록 하는 것이 핵심이다. 대부분의 파생상품을 금지하고, 은행이 과도한 차입경영과 위험한 증권 업무를 취급하지 못하도록 하는 글래스-스티걸 법도 부활시켜야 한다.

대형 은행의 분할에 반대하는 사람들은 규모가 효율을 담보해 고객을 위한 은행 서비스 비용을 낮출 수 있다고 주장한다. 하지만 흔히 일차 이득이라 불리는 이런 효율은 치명적인 붕괴가 가져올 이차 비용에 비하면 아무것도 아니다.

바꿔 말해서 은행업계의 로비스트들은 전형적인 규모의 경제 혹은 국제 경쟁력이라는 측면에서 대형 은행의 장점을 강조하지만, 사회 전체가 짊어져야 할 이차 비용은 깡그리 무시한다. 붕괴를 막음으로써 얻는 장기적인 이득이 시스템의 규모를 줄이는 단기적인 비용보다 훨씬 크다. 정책 입안자들이 복잡계의 역학관계가 어떻게 작동하는지를 이해하지 못하면 미적분을 아무리 잘해도 소용없다.

규제당국과 은행가들이 복잡성 이론을 제대로 이해하고 있다는 조짐은 어디서도 보이지 않는다. 하지만 그들도 또 다른 시스템의 붕괴가 다가온다는 사실을 인지하고 있는 듯하다. 미국은 부채를 갚는 데 필요한 성장률을 내지 못하고 있다. 파생상품은 쌓여가고, 은행은 워싱턴을 통제하며, 금융시스템 전체가 흔들리는 실정이다. 금은 이런 상황에 대처할 유일한 합리적 보험이다.

경제의 금융화

지난 30년 동안 우리는 경제의 극심한 금융화를 보아왔다. 이는 제조와 건설, 농업, 그 밖의 생산적인 활동을 통해서가 아니라 금융거래로 부가 창출되는 경향을 반영한다. 전통적으로 금융은 생산과 무역, 상업을 촉진하는 기능을 수행했다. 금융이 다른 경제활동을 뒷받침하는 것은 사실이지만, 그 자체가 목적은 아니다.

금융은 톱니바퀴에 공급하는 윤활유와 비슷하다. 꼭 필요한 요소이기는 하지만, 그 자체가 엔진은 아니다. 하지만 지난 30년 동안 금융은 마치 암세포처럼 전이를 거듭했다. 생산활동을 숙주로 삼는 기생충을 연상하게 한다.

2008년 위기 당시, 미국 경제의 금융 부문은 주식시장 시가 총액의 17퍼센트, GDP의 17퍼센트를 차지했다. 경제활동을 촉진하는 역할의 몫치고는 엄청난 비중이다. 왜 금융 부문이 GDP의 17퍼센트나 되는 비중을 차지해야 할까? 역사를 돌아봐도 5퍼센트 정도면 적당할 듯하다. 이제 금융은 그 자체가 목적이 되었고, 이 복잡한 사회에서 부를 뽑아내고자 온갖 비밀스러운 수법을 궁리해내는 탐욕스러운 은행가들이 기승을 부린다. 은행가들이 부를 수탈하기 위해 동원하는 수단은 새로운 가치를 창출하는 대신 복잡성만 가중시킨다. 문제가 심각하다. 극도의 금융화는 2008년 세계 경제를 하마터면 파멸의 길로 몰아넣을 뻔했다.

금 보유고는 새로 생산되는 양 덕분에 비교적 꾸준한 상승세를 보인다. 과거에는 이따금 대규모 금광이 발견되기도 했지만, 최근 100년 사이에는 그런 예가 극히 드물다. 대규모 금광이 발견된 시기는 주로 1845년부터 1898년 사이에 집중된다. 그 이후로는 연간 생산량이 약 1.6퍼센트 선에서 느리지만 꾸준히 증가하는 추세다.

흥미롭게도 금 보유고는 세계 인구의 증가율과 거의 비슷한 속도로 증가해 결과적으로 '정직한 돈'을 낳았다. 마치 이런 목적을 염두에 두고 하늘이 금의 희소성을 결정한 듯하다.

하지만 정직한 돈으로는 경제의 금융화가 이루어지지 않는다. 금융은 생산에 혁신을 더한 것보다 더 빨리 성장할 수 없기 때문이다. 금융업계에 필요한 것은 레버리지, 혹은 신용을 기반으로 한 도구들이다. 파생상품, 스와프, 선물, 옵션, 다양한 종류의 채권과 어음 등이 여기에 해당한다. 이 게임이 계속 굴러가기 위해서는 내 첫 책인 《커런시 워 Currency Wars》에서 소개한 온갖 종류의 '유사 화폐'가 필요하다.

금융은 부를 창출하지 않는다. 내부 정보와 정부 보조금을 통해 경제의 다른 영역에서 부를 수탈할 뿐이다. 좋게 말하면 불로소득 활동이고, 심하게 말하면 기생충과 다를 바 없다. 금융이 또 다른 파국을 촉발하기 전에 대책을 세워야 한다. 여기에는 대형 은행의 분할, 대부분의 파생상품 금지, 통화공급의 제한 등이 포함된다.

연방준비제도의 역할

연방준비제도는 미국 사회의 주요 기관들 가운데 그 중요성에 비해 가장 인지도가 떨어지는 곳 중 하나다. 연방준비제도는 아주 복잡하고 다층적인 구조로 이루어진다. 세간의 관심은 워싱턴에 자리한 연준 이사회에 집중된다. 이사회는 모두 7명으로 구성되지만, 최근 들어 공석이 자주 발생하기 때문에 적게는 서너 명으로 굴러가는 경우가 많다.

그 밑에는 미국 전역의 주요 경제 거점에 위치한 12개의 지역 연준 은행이 있다. 뉴욕, 보스턴, 필라델피아, 샌프란시스코, 댈러스 등의 도시에 이런 은행들이 있다. 이런 지역 연준 은행들은 미국 정부의 소유가 아니며, 그 산하 기관도 아니다. 각 지역의 은행들이 사적으로 소유하고 있다. 예를 들어 시티뱅크와 JP모간체이스는 둘 다 뉴욕 지역에 있고, 뉴욕 연준 은행의 주식을 보유한다.

사적 소유 이야기가 나오면 흔히 뭔가 대단한 음모 같은 것을 떠올리지만, 사실 연방준비제도는 1913년 처음 창설될 때부터 이런 방식을 채택했다. 지금은 널리 알려져 있으며, 새삼스러운 비밀도 아니다.

연방준비은행은 지역 연방준비은행 차원에서 사적으로 소유된다. 하지만 시스템 전체를 통제하는 것은 미국 대통령이 임명하고 상원이 재가하는 이사회다. 말하자면 소유권은 민간에 있고, 감시와 통제권은 정부가 갖는 희귀한 혼합체인 셈이다.

연준의 정책 집행 도구

연방준비제도는 공개시장 운영을 통해 이른바 정책금리, 혹은 연방기금금리를 직접 통제할 수 있다. 이런 공개시장 운영은 '프라이머리 딜러'라는 이름으로 알려진 은행의 네트워크를 통해 재무부국채를 사고파는 과정으로 이루어진다. 연준이 어느 프라이머리 딜러에게서 국채를 사들이면, 갑자기 그 금액에 해당하는 돈이 허공에서 뚝 떨어진다. 연준이 어느 프라이머리 딜러에게 국채를 팔면, 딜러는 연준에 해당 금액을 지불하고 돈은 사라진다. 아주 간단한 이야기다.

연준은 수십 년에 걸쳐 이런 방법을 이용했다. 사실 이것이 연준의 주된 임무 가운데 하나이기도 한다. 공개시장 운영은 뉴욕의 연방준비은행의 거래 창구에서 이루어지는데, 이런 이유로 뉴욕 연준 은행은 전체 시스템에서 독특한 역할을 맡는 셈이다.

뉴욕 연준은 금리가 올라가기를 원할 때 정책을 강화하기 위해 단기 국채를 매각한다. 금리가 내려가기를 원할 때는 정책을 느슨하게 해 돈을 만들기 위해 이 국채를 사들인다. 이것이 공개시장 운영의 통상적인 역할이고, 주로 재무부 단기 국채 혹은 수익률곡선의 단기 영역을 이용한다.

근래 들어 연준의 고민은 장기금리를 어떻게 통제할 것인지다. 연방기금금리가 제로여서 더 내릴 수가 없을 때, 어떤 방법으로 중장기금리에 영향을 미칠 것인가?

이 문제에 접근하는 방법은 두 가지다. 첫째는 중장기 재무부 국채를 사들이는 간단한 방법이다. '양적완화'라는 이름으로 집행되는 이 방법은 전 연준 의장 벤 버냉키가 고안한 실험적인 통화정책이다. 장기금리가 내려가면 주식과 부동산 가격을 올리는 등 다른 곳에서 고수익을 내고자 할 것이다. 주식과 부동산 가격이 올라가면 '자산효과wealth effect'가 생겨 투자자들은 예전보다 더 부유해진 느낌을 받고, 이 자산효과에 힘입어 투자자들은 더 많은 돈을 지출하고 경제를 부양할 것이다. 그러나 이 이론은 말이 안 된다. 훗날 버냉키의 실험은 참담한 실패로 평가될 것이다. 아무튼 연준은 2008년부터 줄곧 이런 정책에 의존하고 있다.

중장기금리를 낮추는 또 다른 방법은 '선제 안내'를 이용하는 것이다. 선제 안내는 앞으로의 단기금리를 시장에 알리는 방식으로 이루어진다. 투자자들은 이미 오늘과 내일의 단기금리가 제로에 가깝다는 사실을 안다. 문제는 내년, 혹은 후년의 단기금리가 어떻게 될 것인가다. 연준이 금리정책을 발표할 때 '장기간'이나 '인내심' 같은 용어를 동원하는 이유가 바로 이것이다.

이런 선제 안내가 어떻게 오늘의 금리에 영향을 미칠까?

딜러가 오늘 10년짜리 국채를 얼마에 살 것인지 결정할 때, 10년 동안의 금리를 한덩어리로 묶어서 생각하지는 않는다. 1년짜리 선도금리 forward rate 10개 가운데 하나인 현재 가치를 따져봐야 하기 때문이다. 그래서 2년 차의 1년짜리 금리, 3년 차의 1년짜리 금리 등등의 예상치를 모두 모으는 방식을 사용한다. 이때 연준이 단기금리는 오늘과 내일만이 아니라 앞으로 1년이나 2년 후까지 계속 내려갈 거라는 새로운 선제 안내를 내놓으면, 딜러의 계산에 이 수치가 반영되기 때문에 현재의 10년짜리 채권에 직접적인 영향을 미친다.

이론상 선제 안내는 중장기금리에 영향을 미치고, 직접적인 매입 역시 그런 금리에 명백히 영향을 미친다. 따라서 이 둘의 결합은 금리를 낮추어 자산가치를 올리는 쪽으로 작용한다. 이런 과정은 아주 교묘하고 얄팍하며 복잡하지만, 연준은 이런 방식을 고수한다. 이는 연준이 선제 안내와 장기 자산매입을 통해 사람들이 더 많은 돈을 쓰도록 유도하는 방법이다.

연준은 미래의 단기금리 흐름을 명확하게 제시하겠다고 하지만, 그들이 진실을 말하는지 어떻게 알겠는가? 그들의 마음이 바뀌지 않을 거라는 보장이 있을까? 선제 안내는 어느 정도까지 믿을 만할까? 연준은 미래의 금리 흐름에 관한 불확실성을 줄인다고 하지만, 실제로는 한 가지 형태의 불확실성을 다른 형태로 대체하는 결과에 지나지 않는다.

선제 안내는 그것을 실제로 신뢰하는 사람에게만 신뢰할 만하다. 하지만 연준이 2008년 이후 15가지의 서로 다른 정책을 내놓았다는 사실을 고려하면, 이제는 무엇을 믿어야 할지 확신이 서지 않는다. 2007년부터 2008년 사이에 여러 단계에 걸쳐 금리를 제로로 떨어뜨렸고, 1차·2차·3차 양적완화에 이어 오퍼레이션 트위스트Operation Twist까지 시행했다. 2012년 12월에는 실업률과 인플레이션 부문의 목표를 수치로 제시했지만, 그 목표치가 무의미하다는 사실이 입증되자 포기해버렸다. 명목 GDP의 목표치를 거론하는가 하면, 2011년부터 2015년까지 5개년에 걸친 선제 안내를 발표하기도 했다.

이는 잘 준비된 실험이 아니다. 연준은 상황에 따라 그때그때 필요하다고 판단되는 조처를 내놓는다. 7년 사이에 15개의 정책이 나왔다는 점은 그들의 조치가 임기응변에 지나지 않음을 입증한다. 투자자들이 왜 연준을 믿어야 하는가? 선제 안내와 연준의 정책이 전체적으로 실패한 원인 가운데 하나는 그들이 신뢰를 잃었다는 점에 있다.

명목금리와 실질금리

달러 채권시장의 실질금리는 금의 달러 가격에 매우 강력한 영향을 미치는 요인 가운데 하나다. 하지만 우리가 매일같이 보고 듣는 금리는 '실질'금리가 아니라 '명목'금리다. 둘의 차이는 인플레이션이냐 디플레이션이냐다. 간단한 개념이지만, 이를 무시하거나 오해하는 경우가 많다.

명목금리는 기관이 우리에게 실제로 지급하는 이자율이다. 10년짜리 재무부국채를 2퍼센트 쿠폰으로 사면, 명목금리는 2퍼센트다. 그 채권이 발행된 뒤 시장 요인과 새로운 채권의 발행 등에 따라 명목금리가 변할 수도 있다. 그런 경우 우리가 산 10년짜리 국채의 가격이 변한다. 금리가 올라가면 가격은 내려가고, 금리가 내려가면 가격은 올라간다. 이런 가격 변화가 모여서 우리가 채권을 팔 때 할증이냐 할인이냐를 좌우한다. 애초의 쿠폰에 이 할증 혹은 할인 효과를 더하거나 뺀 것이 '만기수익률'인데, 이 역시 명목상의 수치로 표시된다. 쿠폰이나 만기수익률에 초점을 맞추면, 어느 쪽이든 명목수익률을 쳐다보는 셈이다.

실질금리는 명목금리에서 인플레이션을 뺀 값이다. 따라서 명목금리가 5퍼센트고 인플레이션이 2퍼센트라면, 실질금리는 3퍼센트(5-2=3)다. 이런 산수는 디플레이션이 발생할 때 조금 애매해진다. 디플레이션은 '음의 인플레이션'이라고 볼 수 있다. 음수를 뺄 때는 절댓값을 더해야 한다. 따라서 명목금리가 5퍼센트이고 디플레이션이 2퍼센트라면, 실질금리는 7퍼센트 (5-(-2)=7)다! 명목금리가 (스위스와 유로존에서 보듯) 음수인데 디플레이션이 겹치면 조금 더 애매하다. 음수에서 음수를 빼야 하기 때문이다. 예를 들어 명목금리가 마이너스 1퍼센트이고 디플레이션이 2퍼센트라면, 실질금리는 플러스 1퍼센트(-1-(-2)=1)다. 산수 공부를 하자는 게 아니라, 명목금리와 실질금리의 차이, 나아가 음수가 개입할 때 그 차이가 양수보다 덜 직관적으로 보인다는 점을 설명하려는 것이다.

이런 사정이 왜 금 투자자에게 문제가 될까? 실질금리가 금의 대안이기 때문이다. 금이 수익을 내지 않고(사실이다) 다른 어디선가 리스크가 낮은 실질금리 수익을 거둘 수 있다면(때때로 사실이다), 그 수익의 실질금리는 금을 보유하는 기회비용을 대변한다. 금을 보유하기 위해서는 보관, 운송, 보험, 수수료 등과 같은 다른 비용도 들어간다. 실질금리가 높으면 기대치에 따라 금을 보유하고 싶은 사람도 많아지겠지만, 높은 실질금리는 대부분의 투자자의 결정에 확실히 영향을 미친다.

따라서 금리와 금의 관계는 아주 직접적이다. 금리가 높으면 금의 달러 가격에 불리하다. 금리가 낮거나 마이너스일 때는 금의 달러 가격에 유리하다. 지금 우리는 어디에 있는가? 금 투자자와 연방준비제도가 거래의 같은 편에 서 있다는 점은 상당히 흥미롭다. 둘 다 (이유는 다를지라도) 마이너스 실질금리를 원한다. 금 투자자와 연방준비제도에 문제는 실질금리가 꾸준히 높은 수준을 유지한다는 점이다. 연준과 금 투자자는 마이너스 실질금리를 원하겠지만, 믹 재거^{Mick Jagger}의 노랫말처럼 "언제나 원하는 것을 얻을 수는 없다."

연방준비제도는 왜 마이너스 실질금리를 원할까? 돈을 빌리고자 하는 사람에게 강력한 유인이 되기 때문이다. 마이너스 실질금리는 인플레이션 때문에 돈의 가치가 떨어지기 때문에 실제로는 빌린 돈보다 더 적게 갚아도 되니, 제로금리보다 더 낫다. 마이너스 실질금리의 세계에서는 모든 프로젝트가 다 합리적이고, 케인스가 남긴 유명한 말인 '야성적 충동^{animal spirits}'이 기업가에게 일어난다. 2.5퍼센트의 금리로 돈을 빌리고 3.5퍼센트의 인플레이션이 발생하면, 실질금리는 마이너스 1퍼센트다. 빌린 것보다 적은 돈을 은행에 갚으면 된다는 뜻이다. 이것이 마이너스 실질금리의 힘이다.

마이너스 실질금리의 세상에서는 금에 투자한 사람의 수익이 플러스가 된다. 돈을 빌려서 금을 사면 금융비용은 마이너스고 금의 수익률은 제로다. 제로라고 해도 마이너스보다는 크다. 즉 '0 > -1'이다. 마이너스 실질금리가 지속하던 1970년대는 금에 유리한 시대였다. 온스당 35달러였던 금이 10년도 안 되어 800달러까지 치솟았으니까.

연준은 어떻게 실질금리를 마이너스로 떨어뜨릴까? 앞서 설명한 대로 연준은 공개시장 운영을 통해 명목금리를 통제한다. 하지만 마이너스 실질금리의 핵심 열쇠는 인플레이션이다. 연준은 인플레이션을 유도하기 위해 금리인하, 양적완화, 화폐전쟁, 선제 안내, 명목상의 취업률 목표치 등 동원 가능한 모든 도구를 활용한다. 그 모든 것이 실패했다. 인플레이션은 기본적으로 돈의 회전율에 좌우되고, 지극히 심리적이며 행동주의적인 현상이기 때문이다. 연준은 디플레이션을 선호하는 예금주와 투자자의 심리를 돌려놓는 행운을 누리지 못했다. 그런데도 연준은 마이너스 실질금리를 달성하려 한다. 문제는 그런 의도가 통하지 않는다는 점이다.

인플레이션과 디플레이션

대부분의 투자자에게 인플레이션은 직관적이다. 물가가 올라가기 시작하면 금방 기대치가 바뀐다. 주택, 금, 토지, 그 밖에 인플레이션의 피해를 줄이기 위한 대안을 확보하기 위해 레버리지를 사용하는 투자자가 늘어나고, 가격은 더 올라간다.

디플레이션은 훨씬 덜 직관적이다. 미국에서는 1930년대 이후 디플레이션이 심각한 경제 문제로 대두된 적이 없다. 투자자와 예금주는 디플레이션에 익숙하지 않으며, 그 위험을 잘 의식하지 못한다.

요즘의 디플레이션은 인구통계, 테크놀로지, 부채, 레버리지 청산에서 비롯된다. 디플레이션이 발생하면 부채의 실제 가치가 올라가니, 대출 손실도 증가한다. 이런 손실은 고스란히 은행으로 되돌아온다. 연방준비제도의 가장 중요한 역할이 은행의 파산을 막는 일이라면, 연준은 디플레이션을 막기 위해 가능한 모든 수단을 연구할 것이다. 디플레이션은 정부의 과세에도 부정적인 영향을 미친다. 노동자의 임금이 오르지 않으니 소득세를 늘릴 수 없기 때문이다(디플레이션이 발생하면 노동자는 임금이 오르지 않아도 삶의 질이 좋아진다. 생활비가 적게 들기 때문이다. 하지만 정부는 생활비 감소분에 세금을 매길 방법을 찾지 못한다).

디플레이션은 스스로 증식한다. 어떤 상품의 가격이 내려갈 거라는 기대가 생기면 당장 사지 않고 기다리게 마련이다. 기다림은 단기적인 수요 감소, 나아가 더 큰 가격 하락으로 이어진다. 총수요의 감소는 해고, 도산, 그리고 경기침체로 이어질 수 있다. 디플레이션은 정부의 재정에 심각한 위협으로 작용하며,

따라서 정부는 어떤 수단을 동원해서라도 디플레이션을 막으려한다.

오늘날의 경제 현실을 가장 잘 설명할 수 있는 현상이 바로 디플레이션과 인플레이션의 줄다리기다.

2002년부터 2007년 사이, 많은 사람이 돈을 빌려 집을 사고 신용카드로 쇼핑을 즐기면서 자연스레 디플레이션이 초래되었다. 그렇게 쌓아 올린 부채의 피라미드가 2008년의 패닉으로 와르르 무너져내린 것이다. 2008년 이후의 미국이 겪고 있는 경기 침체 국면에서는 디플레이션이 발생하기 쉽다. 레버리지의 청산, 자산매각, 대차대조표 축소, 그 밖의 다른 요인들은 디플레이션을 더욱 심화시킨다.

중앙은행의 정책, 특히 화폐의 신규 발행은 인플레이션을 촉진하고, 자금 회전율의 증가로 이어지는 기대 수준의 변화는 인플레이션의 촉매로 작용한다.

사실 물가지수는 연간 1퍼센트 수준에서 큰 변화를 보이지 않는다. 이는 인플레이션의 힘과 디플레이션의 힘이 어느 정도까지 서로를 밀어붙여 상쇄되기 때문이다.

연준은 미국의 파산을 막기 위해 디플레이션과 맞서 싸우는 다른 한편으로 인플레이션을 유도해야 한다. 이 글을 쓰는 현재, 미국의 국가부채는 18조 달러가 넘는다. 부채를 반드시 전액 상환해야 한다는 법은 없지만, 그래도 지속 가능한 선을 유지해야 한다. 그러기 위해서는 경제가 부채와 금리보다 빠른 속도로 성장해야 한다. 실질성장은 좋은 것이기는 하지만, 부채를 유지하는 데 꼭 필요하지는 않다. 꼭 필요한 것은 실질성장에 인플레이션을 더한 명목성장이다. 실질성장을 이룩하기란 아주 힘들고, 해마다 새로운 부채가 발생하기 때문에 유일한 탈출구는 인플레이션밖에 없다. 물론 인플레이션은 예금주와 은퇴생활자에게 썩 유리한 조건은 아니다. 고정수입과 예금의 가치가 감소하기 때문이다. 하지만 인플레이션은 부채의 가치 또한 감소시키기 때문에 미국 같은 채무국에는 아주 유리하다. 부채를 감당해내기 위해서는 반드시 인플레이션이 필요하다.

부채가 안고 있는 경제적인 문제점은 그것이 '명목적' 관점에서 부채를 바라보는 법과 계약에 지배된다는 점이다. 내가 당신에게 1달러를 빌리면, 나는 당신에게 1달러 빚을 진다. 내가 그 빚을 갚는 시점이 인플레이션 시기인지 디플레이션 시기인지에 따라 그 1달러는 구매력 측면에서 1.5달러가 될 수도, 50센트가 될 수도 있다. 어느 경우든 내가 당신에게 진 빚은 1달러다.

미국은 18조 달러의 빚을 지고 있고, 그 빚을 갚기 위해서는 일정한 수준의 명목성장이 필요하다. 그렇다면 연준은 실질성장을 원할까? 원한다. 실질성장 대신 엄청난 인플레이션이 동반되는 명목성장은 어떨까? 이것이 최선의 결과라면, 연준은 그것도 반대하지 않는다. 충분한 실질성장이 뒷받침되지 않으면, 인플레이션 혹은 부도를 면할 수 없다. 어느 쪽 시나리오든 금의 달러 가격은 올라간다. 금은 실질화폐이기 때문이다.

2013년에서 2015년 사이, 미국의 재정적자는 1조 4,000억 달러에서 4,000억 달러로 크게 감소했다. 그런 엄청난 감소 폭이 계속 유지될 수 있으면 좋은 일이다. 하지만 핵심은 GDP 대비 부채 비율은 계속 올라간다는 사실이다. 적자는 완전히 해소되지 않았고, 명목성장은 그 비율을 줄이기에 충분하지 않기 때문이다. 최근 들어 속도가 조금 줄기는 했지만, 미국은 여전히 그리스나 일본이 거쳐간 길을 답습하는 중이다.

결국 줄다리기의 승리자는 인플레이션이 될 전망이다. 디플레이션에 대처하는 연준의 내성이 너무 낮고, 디플레이션의 결과는 너무 끔찍하기 때문이다. 연준은 어떻게든 인플레이션을 유도해야 하고, 그러기 위해 마리오 드라기의 말처럼 '필요한 일이라면 무엇이든' 마다하지 않을 것이다. 인플레이션을 유지하기 위해서는 시간, 화폐의 신규 발행, 선제 안내가 필요하다. 하지만 결국 인플레이션은 마이너스 실질금리의 촉매가 될 것이며, 금의 달러 가치는 크게 증가할 수밖에 없다.

인플레이션과 디플레이션에
대비하는 보험

금에 투자하는 사람은 금리와 연준의 정책을 설명하면서 거론한 '실질'과 '명목'이라는 개념의 차이를 이해해야 한다. 금 투자자들은 2014년과 2015년 그리스, 우크라이나, 시리아 등지의 금융 및 지정학적 위기, 중국의 주가 폭락 사태에도 불구하고 금의 달러 가격이 내려가 크게 낙담했을 것이다. 위기의 시대일수록 금은 견고한 안전자산이라는 믿음이 흔들렸기 때문이다. 금값은 왜 올라가지 않았을까?

사실은 '금값이 왜 더 떨어지지 않았을까?'가 훨씬 더 좋은 질문이다. 원유의 달러 가격은 2014년 6월부터 2016년 1월 사이에 70퍼센트 이상 폭락했지만, 같은 기간에 금의 달러 가격은 (변동성에도 불구하고) 거의 꿈쩍도 하지 않았다. 사실 금값은 여러 주요 상품과 비교하면 상당히 선방한 셈이다.

디플레이션은 통제를 벗어날 수 있으며, 실제로 그런 상황이 벌어지면 금의 달러 가격이 명목상 떨어지는 것도 놀라운 일이 아니다. 예를 들어 연초의 금값이 온스당 1,200달러고, 그해 5퍼센트의 디플레이션이 발생했다고 하자. 또 그해 연말의 금값은 1,180달러라고 가정해보자. 이런 경우 금의 명목가격은 1.7퍼센트 하락(1,200달러에서 1,180달러로)했지만, 실질가격은

3.3퍼센트 상승했다고 봐야 한다. 연말의 달러 가격 1,180달러는 연초와 비교할 때 구매력 측면에서 1,240달러의 가치를 지니기 때문이다.

설령 금의 달러 가격이 더 급격하게 내려간다 해도, 다른 중요한 물자의 가격과 지수 역시 함께 떨어질 가능성이 크다. 경제가 붕괴하거나 엄청난 디플레이션이 발생하는 상황에서는 흔히 이런 경우가 생긴다. 금의 명목가격이 하락해도 다른 물가가 더 많이 하락하면, 실질가격으로 따질 때 금은 여전히 부를 보존하는 셈이다.

명목가격으로 따질 때 금은 변동성이 크다. 하지만 변동성은 금의 가치보다는 달러의 가치와 더 밀접하게 연결된다. 역사를 돌아보면 인플레이션은 물론 디플레이션 때도 금의 가치는 떨어지지 않았다. 금은 진정한 가치의 저장소이기 때문이다.

금 투자자들은 대부분 인플레이션 환경에서 금이 가치를 잃지 않는 이유를 잘 이해하는 편이다. 하지만 금이 디플레이션 환경에서도 가치를 잃지 않는 이유는 무엇일까? 답은 연준 같은 중앙은행이 디플레이션을 감당하지 못하기 때문이다. 그들은 다른 모든 대책이 실패할 때 그저 금의 달러 가격을 훨씬 높은 수준으로 끌어올리는 방법을 동원해 허공에서 인플레이션을 만들어낸다. 그러고 나면 오른 금값에 맞추어 순식간에 다른 물가가 따라 오른다. 금의 달러 가격이 오른다는 말은 곧 달러의 가치가 일정한 중량의 금에 비해 감소한다는 뜻이기 때문이다. 같은 중량의 금을 사기 위해 더 많은 달러를 투자해야 하는 것이다. 달러 가치의 하락, 그것이 바로 인플레이션이다. 정부는 다른 방법으로 인플레이션을 유도할 수 없을 때 언제든 금의 달러 가치를 조작할 수 있다.

1933년의 미국과 1931년의 영국이 금에 대한 자국의 화폐가치를 절하한 이유가 바로 이것이다. 1933년 미국 정부는 온스당 20.67달러이던 금값을 인위적으로 35.00달러까지 끌어올렸다. 이것은 시장이 금값을 올린 경우가 아니다. 당시의 시장은 디플레이션이 기승을 부리던 시절이었다. 미국 정부가 1933년에 그런 조치를 단행한 이유는 금값이 올라가기를 원했기 때문이고, 달리 말하면 다른 모든 물가가 올라가기를 원했기 때문이다. 정부는 면, 원유, 철강, 밀, 그 밖의 다른 상품들의 가격이 오르기를 원했다. 금에 비해 달러의 가치를 떨어뜨림으로써 인플레이션을 유도하고, 나아가 디플레이션을 잡겠다는 것이 그들의 의도였다.

요즘처럼 디플레이션이 기승을 부리는 시절, 정부가 금값을 일방적으로 3,000달러나 4,000달러 혹은 그 이상으로 올리는 것은 금에 투자한 사람들에게 보상을 주기 위해서가 아니라(결과적으로는 그렇게 되지만) 전반적이고 일시적인 고도의 인플레이션을 유도하기 위해서다. 금값이 4,000달러로 올라가면 하루아침에 원유는 배럴당 400달러, 은은 온스당 100달러, 주유소의 휘발유는 갤런당 7달러까지 치솟는다. 이 정도의 물가 상승은 디플레이션의 기세를 꺾고 인플레이션의 기대감을 유발한다.

금에 대한 화폐의 가치가 절하되면 금은 반격할 방법이 없다. 미국이 유로에 대한 달러의 가치를 절하하면 유로존은 유로의 가치를 떨어뜨려 반격을 할 수 있다. 하지만 미국이 금에 대한 달러의 가치를 절하하면(금값을 올리는 방법으로), 게임은 그것으로 끝이다. 금을 더 많이 만들어내는 마법을 부릴 방법이 없기 때문이다. 화폐전쟁에서 금의 반격은 불가능하다.

따라서 금값을 올리는 데는 두 가지 길이 있으니, 인플레이션과 디플레이션이 그것이다. 양쪽 모두 강력하기 때문에 어느 쪽이 우세한지 알아내기란 쉽지 않다. 금의 매력은 어떤 상황이 전개되든 부를 보존한다는 점이다. 인플레이션 때는 우리가 1970년대에 본 것처럼 금값이 올라간다. 디플레이션 때도 우리가 1930년대에 본 것처럼 금의 힘이 아니라 정부의 강제력으로 금값이 올라간다. 금은 인플레이션과 디플레이션을 모두 이겨낼 힘을 가진 몇 안 되는 자산 가운데 하나고, 따라서 모든 투자자의 포트폴리오에서 자신의 자리를 지킨다. 이보다 더 좋은 보험이 있을까?

4장

금은
상수다

금의 가격

금값이 '올랐다'거나 '내렸다'는 말은 단지 어떤 준거틀에서만 그럴 뿐이다. 그 대신 금을 경제학자와 수학자들이 말하는 '계산 화폐 numéraire' 혹은 계수 장치 counting device, 즉 계량의 상수 단위로 생각해보자. 이런 관점에서 변하는 것은 돈이지 금이 아니다. 온 스당 1,200달러 하던 금의 가격이 1,300달러가 되었다고 하면, 우리는 흔히 금값이 '올랐다'고 표현한다. 내 관점에서는 금값이 오른 것이 아니라 달러가 떨어졌다고 본다. 내가 금 1온스를 사 는 데 1,200달러가 필요하던 것이 이제는 1,300달러가 필요한 것이다. 같은 액수의 돈을 주고 살 수 있는 금의 양이 줄었으니,

달러가 떨어진 셈이다.

달러가 강세를 보일 것이라 생각하는 사람은 그리 많은 금을 원하지 않을 것이다. 달러가 약세를 보일 것이라 생각하는 사람은(나는 시간이 갈수록 그렇게 되리라고 생각한다) 자신의 포트폴리오에 반드시 금을 집어넣으려 할 것이다.

금을 꼭 다른 기준점과 연계시킬 필요는 없다. 그냥 금을 돈이라고 생각하면 된다. 금의 달러 가격은 단순히 달러의 반대일 뿐이다. 금을 안티달러antidollar라고 생각해도 큰 무리가 없다. 달러가 강세라는 말은 금의 달러 가격이 약하다는 뜻이다. 달러가 약세라는 말은 금의 달러 가격이 강하다는 뜻이다. 달러가 걱정되는 사람이라면(걱정할 만한 충분한 이유가 있다) 금을 보유하는 것이 합리적이다.

나는 미국에 살면서 달러로 돈을 벌고 쓴다. 내가 금을 사면, 달러로 금을 사는 셈이다. 만약 당신이 일본에 살면서 엔으로 돈을 벌고 퇴직 후에도 엔으로 연금을 받는다면, 계산이 달라진다. 엔이 달러에 비해 하락하면 달러보다 엔으로 금을 사는 것이 유리할 수도 있다. 금값이 달러를 기준으로 10퍼센트가 떨어졌지만 엔을 기준으로는 20퍼센트가 떨어졌다면, 엔을 척도로 삼는 투자자에게는 사실상 금값이 올라간 셈이다.

전 세계적 관점에서 금값을 바라보기 위해서는 달러를 기준으로 한 금 가격뿐 아니라 모든 통화의 교차환율을 분석해야 한다. 몇 해 전 인도에서 이런 문제가 대두했다. 달러 대비 루피화가 폭락했고, 인도인의 금 구매가 주춤했다. 이는 금에 대한 인도 사람들의 관심이 떨어졌기 때문이 아니었다. 금의 달러 가격이 내려갔을 때 루피로 금을 사면, 루피 기준으로는 금값이 오른 셈이다. 이렇게 보면 인도 사람들이 금을 덜 사는 것도 설명이 된다. 세상은 복잡하지만, 우리는 자신의 기초통화가 무엇인지를 결정해야 하고, 달러가 아니라 그 기초통화에 기반해서 금을 생각해야 한다.

이 점에서 나더러 금 투자자에게 조언하라면 이렇게 말하겠다. 금을 보유할 때 달러 가격이 아니라 중량 단위로 금의 양을 생각해야 하고, 그것이 당신의 포트폴리오에 얼마나 적합한지를 생각해야 한다. 하루아침에 달러가 폭락할 수도 있으니 달러 가격에 지나치게 집착하지 말라는 뜻이다. 중요한 것은 당신이 금 현물을 얼마나 가지고 있느냐 하는 점이다.

그래도 현실에서는 금의 달러 가격을 매일 들여다보게 된다. 변동이 심한 게 눈에 보인다. 그러니 유동자산의 약 10퍼센트 정도를 금에 분배하는 것이 좋다. 금은 확실히 포트폴리오의 아주 매력적인 일부분이다. 그렇다고 전 재산을 금에 투자하는 것은 신중한 처사가 못 된다.

서류상 금 시장과 현물 금 시장

여기에 또 하나의 퍼즐이 있다. 투자자들은 수요와 공급의 법칙에 따라 상품의 가격이 결정된다고 생각한다. 전 세계의 현물 금 시장을 들여다보면, 수요는 크게 증가하는데 공급의 증가는 잘 보이지 않는다. 금값은 왜 이런 불균형에 반응하지 않는 것일까?

투자자들은 현물 금 시장이 있고 서류상 금 시장이 있다는 점을 이해해야 한다. 서류상 금 시장은 여러 계약으로 이루어진다. COMEX 선물, ETF, 금 스와프, 금 대여, 선도 거래forward contract, 런던금시장연합회 은행들이 발행하는 이른바 비할당계좌의 금unallocated gold 등이 여기에 해당한다. 이런 파생상품들이 서류상 금 시장을 형성한다.

서류상 금 시장은 현물 시장의 규모를 100배 이상 쉽게 넘어서기도 한다. 이는 자신이 금을 보유하고 있다고 생각하는 사람 100명 가운데 99명은 잘못 생각한다는 뜻이다. 패닉이 시작되면 그중 한 사람만 금 현물을 갖는다.

양방향 시장이 존재하는 한 그런 종류의 레버리지는 괜찮다. 가격이 미쳐 날뛰지 않는 한, 사람들이 기꺼이 계약을 갱신하려 하는 한, 사람들이 현물 인도를 고집하지 않는 한 레버리지로 지탱하는 서류상 시스템은 비교적 잘 유지된다. 문제는 그런 가정 가운데 상당수가 지금은 멀쩡하다가도 하루아침에 사라져버릴 수 있다는 점이다. 더 많은 투자자가 금의 현물 인도를 요구하고 있다. 세계 각국의 중앙은행도 잉글랜드 은행이나 뉴욕의 연준 은행에 보관된 금의 현물 인도를 요구한다. 우리는 베네수엘라가 카라카스로, 독일이 프랑크푸르트로, 규모는 작지만 아제르바이잔이 바쿠로 자신의 금을 인출해 옮기는 것을 보았다.

서류상 금 시장은 뉴욕과 런던의 특정한 보관소, 런던금시장연합회 소속의 중개은행과 맞물린다. 내가 뉴욕에서 금을 찾아 프랑크푸르트로 옮기면, 뉴욕의 금 대여 시장의 재고가 감소한다. 프랑크푸르트에는 금 대여 시장이 잘 발달해 있지 않다. 금을 뉴욕에서 프랑크푸르트로 옮김으로써 뉴욕의 공매도를 감당할 금이 줄어드는 결과가 초래된다. 이는 시스템상의 레버리지가 증가하거나, 아니면 공매도가 다른 어딘가의 현물 시장에서 처리되어야 한다는 뜻이다.

순수한 현물 시장에서는 여러 흥미로운 거래가 진행된다. 현물 금을 대량으로 구매하려는 사람은 2차 시장에 팔겠다는 사람이 없으니 제련소에서 직접 금을 살 수밖에 없다. 정상적이고 건강한 시장에서는 내가 구매자고 다른 누군가가 판매자라고 할 때, 중개인이 우리 두 사람을 찾아내 한쪽에서 금을 산 다음 나에게 인도하고 수수료를 챙긴다. 하지만 구매자는 있는데 판매자가 없는 시장에서는 중개인이 직접 제련소에서 금을 확보하는 수밖에 없다. 제련소에는 5주에서 6주가량의 주문이 밀려 있다. 금의 현물 공급 상황은 굉장히 빡빡하다.

중국, 러시아, 이란 같은 나라의 중앙은행은 최대한 빨리 금 현물을 비축하고자 한다. 그런데 중국은 이 과정을 투명하게 진행하지 않는다. 2015년 7월, 중국은 2009년 이후 처음으로 공식적인 금 보유량을 발표했는데, 이 자료에 따르면 보유량이 이전의 1,054톤에서 1,658톤으로 증가한 것으로 나온다. 최근 들어 중국은 IMF의 지침에 따라 매달 금 보유량을 발표하기 시작했다. 하지만 중국이 발표하는 수치는 액면 그대로 받아들이기가 어렵다. 국가외환관리국SAFE이라는 기관에서 아마도 3,000톤 이상의 금을 추가로 보유하고 있을 것으로 추정된다. 인민해방군이 이 금을 지키고 있다. 이에 비해 러시아는 좀 더 투명한 편이다. 러시아 중앙은행이 금 보유량을 매달 공개하는데, 이들이 중국처럼 별도의 금 보관소를 숨겨두고 있다는 증거는 없다. 러시아는 약 1,400톤의 금을 보유하고 있다.

러시아는 자국의 채광업계에서 금을 사들일 수 있으므로 시장을 기웃거릴 필요가 없다. 중국은 워낙 많은 금을 짧은 기간에 얻으려 하기 때문에 세계에서 제일 많은 금을 생산하고 있음에도 시장에서 추가로 금을 사들인다. 이 과정은 시장의 금값에 영향을 미치지 않기 위해 온갖 작전과 군대를 동원해 아주 은밀하게 진행된다.

러시아, 중국, 이란, 터키, 요르단 같은 국가들이 금을 사 모으는 과정은 점점 가속이 붙고 있다. 전 세계의 금값이 공매도를 통해 단기간에 폭등할 토대가 마련된 셈이다. 하지만 내일 당장 이런 사태가 생기지는 않을 것이다. 예상보다 훨씬 긴 기간 동안 금값을 조작할 수 있는 중앙은행과 대형 국제은행의 능력을 과소평가하면 곤란하다. 만약 현물에 대한 수요가 지속하면(나는 그럴 것으로 예상한다) 궁극적으로 서류상 금의 공매도를 피할 수 없고, 서류상 금 계약의 역피라미드는 무너질 것이다. 그렇게 되는 동안 우리가 서류상 금 시장을 통한 가격 억제를 목격하게 되리라는 데는 의심의 여지가 없다.

2013년에 나는 스위스에 갔다가 세계 최대의 금 제련업체 가운데 하나의 임원을 만났다. 그의 공장은 3교대로 하루 24시간 가동된다고 했다. 주당 20톤가량 생산되는 금이 모두 팔려나가는데, 그 가운데 중국으로 들어가는 양이 매주 10톤이라고 한다. 1년이면 제련업체 한 군데에서 약 500톤의 금을 중국이 사들이는 셈이다. 중국은 더 많은 금을 원하지만, 다른 고객들도 무시할 수 없어 전량을 다 중국에 넘기지는 않는단다. 롤렉스를 비롯해 장신구와 시계를 만드는 데 금이 필요한 오랜 단골들이 있기 때문이다. 앞으로 1년 치 생산량이 이미 다 팔려 물량을 어떻게 확보할지 걱정이 태산이라고 했다.

제련업계가 금을 구하는 출처는 아주 다양하다. 그중에서도 과거의 400온스짜리 금괴를 녹여 순도를 99.90퍼센트에서 99.99퍼센트로 높인 다음, 1킬로그램짜리 금괴 형태로 만들어 고객(주로 중국)에게 인도하는 경우가 많다.

저장 창고는 거의 텅 비다시피 한 실정이다. GLD의 창고에서 정기적으로 수백 톤의 금이 출고되며, COMEX의 창고들은 거의 항상 재고가 바닥을 드러내는 수준이다.

나는 또 스위스에서 실제로 금을 보관하고 운반하는 보안물류업체 관계자들을 만났다. 그들은 창고 시설이 부족해 어려움을 겪는다며, 스위스군이 알프스산맥의 커다란 산을 파내 군사 기지로 사용하던 시설을 인수하기 위해 협상을 벌이고 있다고 했다. 그 안에는 스위스군이 보급품과 탄약, 무기 등을 보관하는 데 사용하던 터널과 창고 등이 마련되어 있다. 스위스군은 그런 시설 가운데 일부를 금 저장소가 필요한 창고업자에게 제공한다. 보안물류업체들은 UBS, 크레디트스위스Credit Suisse, 도이치방크Deutsche Bank 같은 은행에서 금을 실어 내 브링크스Brink's, 루미스Loomis 같은 창고업체의 민간 저장소로 입고하는 과정을 주관한다.

창고업체와 제련업체가 새로 제련된 금과 저장분에 대한 수요를 따라잡지 못해 금 현물의 인도가 지연되는 현상이 발생한다. 금 현물의 공급이 그렇게 부족한데도 최근 들어 금값이 압박을 받는 이유는 무엇일까? 막대한 선물 공매도와 비할당 금의 공매도가 지속해서 금값의 상승을 막기 때문이다. 금값은 현물 거래와 서류상 거래의 줄다리기에 의해 결정된다.

팽팽한 줄다리기가 벌어지면 결과를 예측하기가 쉽지 않다. 강력한 두 팀이 서로를 잡아당긴다. 한쪽에는 중앙은행과 대형 금 거래 은행들, 헤지펀드가 있고, 다른 한쪽에는 대량 구매자와 개인 투자자가 있다. 줄다리기가 시작되면 언젠가 어느 한쪽이 손을 들거나 밧줄이 끊어질 것이다. 예기치 않은 상황에서 금 현물의 인도가 중단되면 패닉바잉이 시작되어 가격이 급등할 수도 있다. 금을 인도하기로 한 합의가 지켜지지 않거나, 계약이 이행되지 않거나, 혹은 금융계 거물이 자살하는 사건으로 그런 사태가 촉발될지도 모른다. 이런 사건들은 현실에서 언제든지 일어날 수 있다.

금값의 상승

2014년, 호주에 출장을 갔다가 그 나라에서 제일 큰 금괴 중개 업체와 접촉한 적이 있다. 이 업체의 대표는 금값이 폭락할 때 판매량이 최고조에 달한다고 했다. 소규모 투자자들은 달러 가격이 내려갈 때야말로 금을 살 기회라고 생각한다는 것이다. 그는 금의 달러 가격이 급락할 때 자신의 고객들은 금을 사기 위해 골목 끝까지 줄을 선다고 했다.

나는 투자자들에게 투자 가능한 자산의 10퍼센트가량을 금에 할당하라고 권유한다. 금융시장에 갑작스러운 패닉이 발생할 경우에도 부를 보존하기 위해서는 장기간에 걸친 '바이앤홀드 포지션buy-and-hold position'을 권하는 것이다. 이런 전략을 따르는 이들은 하루하루의 가격변동에 연연하지 않는다. 오르거나 말거나 크게 신경 쓸 필요가 없다. 이들의 목표는 포지션 거래를 통해 단기간에 수익을 내는 것이 아니라 장기적으로 부를 보존하는 데 있다. 따라서 상승 추세를 쫓아가기보다는 가격이 내려갈 때 사는 쪽이 훨씬 낫다. 그러기 위해 진입시점을 잘 잡아야 하는 것은 말할 필요도 없다.

2011년부터 2015년까지 금값이 꾸준히 하락해 많은 투자자는 낙담에 빠졌다. 하지만 최근의 가격 하락은 아직 10퍼센트 할당량을 채우지 않은 이들에게는 좋은 매수 기회이기도 하다.

2011년의 정점 이후 가격 하락을 간단하게 설명하는 방법이 있다. 2012년에 시작된 달러의 강세는 연준의 통화 긴축에 근거한다. 여기에는 2013년 5월부터 시작된 양적완화 축소에 관한 언급 이후 2013년 12월에 시작된 양적완화의 축소, 2015년 3월 연준의 '선제 안내' 폐지, 그 후 지속된 금리 인상 발언 등이 포함된다.

이 기간에 유로화는 1.40달러에서 1.05달러로 떨어졌고, 일본의 엔화는 달러당 90엔에서 120엔으로 폭락했다. 2015년에는 전 세계 50개국 이상의 중앙은행이 달러에 대한 자국 화폐를 절하하기 위해 금리를 인하했다. 2014년 말부터 2015년 말까지 원유, 설탕, 커피, 그 밖의 많은 상품의 가격이 내려갔다. 디플레이션, 그리고 인플레이션을 완화하는 힘이 우위를 점한 것이다.

따라서 우리는 달러 강세로 인해 금의 달러 가격이 내려갈 것으로 예상한다. 이때 투자자들은 이런 상황이 지속할 것인지를 반드시 생각해보아야 한다. 이런 새로운 상태가 정착될까? 답은 '절대 그렇지 않다'이다. 이유는 미국이 이미 도움을 필요로 하는 다른 나라 통화의 평가절하를 허용했기 때문이다. 일본 경제는 인플레이션을 유도하기 위해 혈안이다. 유럽 경제는 2007년에 시작된 전 세계적 경기침체 속의 2차 경기후퇴로 고통받는다. 미국은 달러가 올라가고 엔과 유로화가 떨어지는 것을 허용함으로써 그들에게 더 싼 통화라는 형태로 금융완화의 생명줄을 던져주었다.

연준의 실책은 미국 경제 역시 달러 강세라는 비용을 감당할 만큼 튼튼하지 않다는 점에서 비롯된다. 연준은 2013년부터 고삐를 죄기 시작했고, 통화정책의 효과가 한 박자 늦게 나타나는 관례에 따라 2014년 말부터 데이터상으로 인플레이션이 완화되는 효과가 나타나기 시작했다.

디플레이션이 걱정되는 마당에 제로금리와 수조 달러의 신규 발행을 포함해 가능한 모든 수단을 다 동원해 보았으니, 경제에 인플레이션을 유도하기 위해(이것이 연준의 바람이기도 하다) 남은 마지막 수단은 화폐가치를 떨어뜨리는 것이다. 연준이 위기를 자초했다는 사실에 비춰볼 때, 나는 그들이 태세를 전환해 또 한 번의 양적완화, 혹은 달러의 약세라는 형태로 금융완화를 시도할 것으로 예측한다. 둘 다 금의 달러 가격에는 호재로 작용할 것이다.

조작

별다른 뉴스가 없는 상태에서 금의 달러 가격이 급락하면, 우리는 금 시장이 조작되고 있다는 합리적인 의심을 품게 된다. 이런 결론을 뒷받침할 만한 통계, 사례, 실증적 증거가 있다. 금 조작은 새로운 일이 아니다. 1960년대의 런던 금 조합London Gold Pool, 1970년대 후반에 나타난 미국과 IMF의 금 덤핑을 생각해보자. 더 최근의 증거도 있는데, 여기에는 국제통화기금이 2010년에 400톤의 금을 매각해 가격을 억제하려 한 사례가 포함된다. 최근의 몇몇 학문적 연구에서도 조작의 증거가 드러난다. 조작은 사실이다.

중앙은행의 목표가 비정상적으로 보이는 금값의 움직임을 차단하는 것이라면, 금값이 올라갈 때만 시장을 조작해야 한다. 디플레이션 같은 더 근본적인 이유로 금값이 떨어지는 상황이라면, 금값의 약세를 원하는 중앙은행은 달리 조작을 시도하지 않아도 원하는 결과를 얻을 수 있다. 금값이 강세를 보이다 못해 걷잡을 수 없는 지경으로 치달을 조짐이 보이면 즉시 조작이 개입하기 시작한다. 금값이 빠른 속도로 온스당 2,000달러에 육박하던 2011년 8월이 좋은 예다. 중요한 심리적 장벽에 해당하는 온스당 2,000달러를 돌파해 천정부지로 올라갈 조짐이 보이면, 중앙은행은 금값을 끌어내리기 위해 비상한 수단을 동원해야 한다.

몇 가지 조작 기법을 좀 더 자세히 살펴보도록 하자.

금 현물의 덤핑

금의 달러 가격을 억제하는 가장 직접적이고 노골적인 기법은 단순히 현물을 헐값으로 내다 파는 일이다. 중앙은행이 금을 팔아치우는 것이다. 1960년대의 런던 금 조합을 시작으로 수십 년에 걸쳐 이런 수법이 동원되었다. 당시 독일과 미국, 영국이 포함된 브레턴우즈 체제의 회원국들은 가격을 억제하기 위해 런던 금 시장에 마구잡이로 금을 내다 팔았다.

닉슨이 금 본위제도의 폐지를 선언한 1970년대에도 그런 시도는 계속되었다. 1970년대 초만 해도 금 가격은 온스당 35달러에 불과했다. 닉슨의 선언 이후 금값은 온스당 42달러로 올라갔다. 그러던 것이 1980년 1월에 온스당 800달러를 돌파했다. 42달러에서 800달러에 이르기까지, 미국은 덤핑을 통해 금값을 억제하려고 비밀리에 필사적인 노력을 기울였다(여기에 대해서는 내가 쓴《화폐의 몰락》9장과 11장에서 자세히 설명했다).

미국은 1974년부터 1980년 사이에 1,000톤의 금을 매각하고 IMF를 설득해 700톤을 더 매각하도록 했다. 미국과 IMF가 합작으로 1,700톤의 금 현물을 내다 판 셈인데, 이는 전 세계의 공식 금 보유량의 5퍼센트에 해당한다. 이런 노력은 결국 실패했다. 엄청난 덤핑에도 불구하고 금의 달러 가격은 1980년 1월에 온스당 800달러를 돌파했다. 결국, 미국도 두 손을 들고 금값을 그저 가는 대로 내버려둘 수밖에 없었다.

나는 1970년대 중반부터 연방준비제도 이사회 의장을 지낸 아서 번스와 미국 대통령 제럴드 포드, 서독 수상 사이에 오간 극비 서한들에(지금은 기밀이 해제되었다) 이러한 물리적 금값 조작 시도가 자세히 묘사된 것을 발견했다.

1990년대 후반까지 여러 차례에 걸쳐 조작이 시도되었는데, 대표적인 사례가 악명 높은 '브라운의 밑바닥Brown's Bottom'이다. 이는 당시 영국 재무장관이던 고든 브라운이 1999년 영국의 금 보유량 가운데 3분의 2를 지난 35년의 최저가에 가까운 가격으로 매각한 사건이다.

2000년대 초반에는 스위스도 주요 금 매도국으로 부상했다. 오랜 세월 동안 유력한 금융기관이 현물 금을 덤핑 매각하는 방법으로 가격을 조작했던 것이다. 그러다 보니 급기야 금 부족 현상이라는 문제점이 나타나기 시작했다. 영국은 남은 금이 얼마 되지 않았고, 스위스는 꽤 많은 금을 보유했지만 예전에 비하면 크게 못 미치는 수준이었다. 미국은 더 많은 금을 매각하지는 않기로 결정했지만, 그렇지 않은 다른 나라들의 결정에 반색했다. 덤핑이 멈춘 것은 그 방법이 통하지 않는다는 사실을 깨달았기 때문이었다. 사겠다는 사람이 얼마든지 있으니, 조작하는 쪽에서 금이 바닥난 형국이었다. 결국 그들은 서류상의 조작에 눈을 돌릴 수밖에 없었다. 이제부터는 이 방법이 어떻게 작동하는지를 살펴보자.

서류상의 조작

가장 쉬운 서류상 조작은 COMEX 선물을 이용하는 방법이다. 선물시장을 흔들기란 어린아이 장난과도 같다. 장이 마감되기 직전까지 기다렸다가 대량의 매도 주문을 내면 그만이다. 이렇게 하면 시장의 다른 쪽에서는 겁을 먹고 입찰 가격을 내린 채 물러선다. 이렇게 해서 내린 가격이 새로운 '금값'이라고 사방팔방 소문이 나면, 투자자들은 실의에 빠진다. 헤지펀드 역시 가격 하락에 놀라 손절매 한도까지 더 많은 금을 내다 판다. 이제부터는 저절로 관성이 붙기 시작해 매도가 더 많은 매도를 불러오고, 누군가 원하는 세력이 있다는 것 말고는 아무 이유 없이 가격이 곤두박질친다. 결국 바닥을 친 다음에야 매수자들이 기웃거리기 시작하지만, 이때는 이미 상황이 종료된 뒤다.

선물은 어렵지 않게 20 대 1에 달하는 엄청난 레버리지를 확보할 수 있다. 나는 1,000만 달러의 증거금으로 2억 달러에 달하는 서류상 금을 판매할 수 있다. 우리는 중개인이 누구인지는 알지만, 중개인을 통해 매수 혹은 매도하는 거래 당사자가 누구인지는 모르니 여전히 시장은 불투명하다. 우리는 최종 고객이 누구인지 모른다. 그것을 아는 사람은 중개인밖에 없고, 중개인을 통한 익명성이 고도의 레버리지와 결합된다.

ETF, 특히 GLD를 통해 서류상의 조작이 이루어지기도 한다. GLD를 이용한 시장 조작은 조금 더 복잡하다. GLD ETF는 사실상 주식이다. 주식은 신탁에 들어 있고, 그 신탁이 내 돈을 가지고 금을 사서 금고에 넣어둔다. 마음이 바뀌거나 가격변동이 마음에 들지 않으면 주식을 팔아버리면 된다.

한편으로는 현물 금을 거래하고 다른 한편으로는 ETF 주식을 거래하는 것도 얼마든지 가능하니, 여기서 두 가격에 '차액'이 생긴다. 원래는 이 둘이 서로 붙어 있어야 한다. 하지만 때로는 그런 차액, 혹은 차익거래가 발생하기도 한다.

실제로 어떤 일이 벌어지는지를 살펴보자. 내가 합법적으로 GLD에 참여하는 대형 은행 가운데 하나라면, 차익거래를 노려볼 만하다. 현물 금이 주식보다 높은 가격으로 거래될 경우(주식은 특정한 양의 금과 동일하다) 나는 현물 금을 공매도함과 동시에, 겁을 먹고 시장에서 빠져나간 사람의 주식을 사들인다. 그 주식을 수탁자에게 가져가서 현금으로 바꾼 다음, 현물 금을 산다. 그 금을 넘겨서 공매도분을 메우고 차액을 챙긴다. 이것은 위험 부담이 (거의) 없는 차익거래다.

이렇게 되면 결과적으로 금이 ETF의 창고에서 흘러나와 재고가 감소한다. 여기에서 재고란 서류상의 금을 뒷받침하기 위해 실제 거래에 사용될 수 있는 금을 의미한다. 금 거래 은행이나 GLD 혹은 COMEX의 창고에 보관된 금은 서류상 거래를 뒷받침할 수 있는 재고에 포함된다. 하지만 그 금이 중국으로 넘어가 상하이의 금고로 들어가거나 스위스의 루미스 금고로 들어가면, 더는 재고에 포함되지 않는다. 여전히 총 보유고 가운데 일부이긴 하지만, 대여나 선물 판매 같은 거래에 활용할 수는 없게 된다.

포트 녹스나 뉴욕의 연방준비은행, COMEX 등에 보관된 금은 곧바로 팔려나가지 않는 이상 대여되거나 레버리지로 활용할 수 있다. 중국 사람들이 사들인 금을 창고 속에 깊숙이 넣어버리면, 그 금이 언제 다시 햇빛을 볼지 아무도 모른다. 한 번 중국으로 들어간 금은 도로 나오지 않는다. 중국인들은 하루가 멀다 하고 사고파는 단기매매자가 아니다. 그들이 사들인 막대한 양의 금은 창고에 들어가 언제 나올지 모른다.

이런 흐름을 모두 고려하면, 서류상의 금 거래는 점점 늘어나는 반면 그 거래를 뒷받침할 현물 금은 점점 줄어든다는 결론에 도달한다. 역피라미드 형태의 서류상 금 거래가 아주 조그만 현물의 기초 위에 놓인 셈이고, 그 기초는 러시아와 중국이 계속 금을 끌어모으면서 점점 작아지고 있다.

헤지펀드 조작

요즘은 헤지펀드가 금 시장에서 차지하는 비중이 아주 커졌다. 과거에는 그렇지 않았다. 금 소유권의 분포는 아령의 생김새와 비슷하다. 한쪽 끝에는 금화나 금괴를 가지고 있어야 마음이 편해지는 소량 보유자들이 있고, 다른 쪽 끝에는 국부펀드와 중앙은행 같은 덩치 큰 보유자들이 자리한다. 그 중간에서 이리저리 연루되는 기관들은 거의 찾아볼 수 없었다. 요즘은 사정이 달라졌다. 헤지펀드가 개미와 큰손 사이의 중간 지대를 메우기 시작한 것이다.

헤지펀드에 금은 거래 전략을 실행에 옮기기 좋은, 아주 흥미로운 시장이다. 그렇다고 금이 특별한 것은 아니다. 거래 가능한 또 하나의 상품일 뿐이다. 헤지펀드에는 커피 원두, 콩, 재무부 채권, 그 밖의 모든 거래 품목이 상품에 포함된다.

헤지펀드는 이른바 '손절 한도stop-loss limits'라는 개념을 활용한다. 거래 포지션을 정할 때, 기꺼이 감수할 손실의 최대치를 미리 정해두고 그 한도에 도달하는 순간 미련 없이 빠져나오는 전략이다. 일단 그 한도에 도달하면 장기적인 전망과는 무관하게 자동으로 포지션을 매각한다. 어쩌면 헤지펀드에는 단기 전망만 있을 뿐 장기 전망 같은 것은 아예 없는지도 모른다.

특정한 헤지펀드가 매도자 입장에서 금 시장을 조작하려 할 때는 대량의 매도 주문을 던지기만 하면 된다. 그렇게 해서 금값이 일정 수준으로 떨어지면, 금을 장기 보유하던 다른 펀드의 손절매 스위치가 켜질 것이다. 이 헤지펀드는 자동으로 금을 팔기 시작하고, 그로 인해 금값은 더욱 떨어진 끝에, 다음 헤지펀드의 손절매 한도에 도달한다. 이 펀드가 금을 팔기 시작하면 가격은 더욱 내려간다. 매도에 관성이 붙고, 이내 모두들 팔려고 나선다.

시간이 흘러 어떤 요인으로든 가격이 다시 올라가 더 많은 펀드가 금을 사들이기 시작하면, 단기 조작 세력이 다시 판에 뛰어들어 가격을 끌어내린다. 정부가 나서서 조작을 금지하는 규제라도 내놓지 않으면, 금 보유자들은 결국 어떤 근본적인 변화로 더 이상 가격이 내려가지 않는 상태가 될 때까지 이런 과정이 끝없이 되풀이되는 현실을 예상해야 한다.

비할당 선도 대여

가격을 조작하는 또 하나의 방법은 금 대여와 비할당 선도 거래를 이용하는 것이다. '비할당unallocated'이라는 말은 금 시장에서 흔히 쓰이는 전문용어 가운데 하나다. 금을 다량으로 구매하려는 이가 현물을 사고 싶으면 JP모간체이스나 HSBC, 시티뱅크, 혹은 대형 금 중개업체에 연락을 취한다. 그들은 500만 달러어치의 금, 이 글을 쓰는 현재 시가로 약 5,000온스를 주문한다.

　은행은 "오케이"라고 하고는, 대금을 송금하면 표준 양식의 계약서를 보내주겠다고 대답한다. 그런데 이 계약서를 잘 읽어보면 구매자는 금을 '비할당'으로 보유한다고 되어 있다. 이 말은 특별히 지정된 금괴가 구매자의 손에 넘어가지 않는다는 뜻이다. 특정한 금괴에 구매자의 이름이 새겨지거나 구매자에게 할당된 일련번호가 찍히지도 않는다. 실제로 비할당 금을 이용하면 은행은 동일한 금 현물을 열 명의 구매자에게 열 번 이상도 팔 수 있다.

이런 사정은 다른 부분 지급준비금^{fractional reserve banking}의 경우도 다르지 않다. 자신이 수탁하는 액수만큼의 현금을 보유하는 은행은 하나도 없다. 모든 예금주는 마음만 먹으면 언제든 은행을 찾아가 자신이 맡긴 현금을 인출할 수 있다고 생각하지만, 은행원은 은행이 그만한 현금을 가지고 있지 않다는 사실을 안다. 은행은 그 돈을 대출하거나 증권을 산다. 은행은 고도의 레버리지를 활용하는 기관이다. 모든 예금주가 한꺼번에 나타나 현금을 요구하면, 은행은 그 돈을 다 내줄 재간이 없다. 그래서 최후의 보루인 연준이 필요한 경우에 돈을 새로 찍어낼 수 있는 것이다. 현물 금 시장도 마찬가지다. 단, 최후의 보루 역할을 할 사람이 없다는 점만 빼고.

은행은 자신이 가진 것보다 더 많은 금을 판다. 모든 비할당금 보유자가 한꺼번에 나타나 "내 금을 돌려주세요" 하고 요구하면 은행은 커다란 곤경에 처할 것이다. 하지만 대부분의 경우 사람들은 금 현물을 원하지 않는다. 보관 비용, 운송 비용, 보험 비용과 함께 여러 리스크가 발생하기 때문이다. 그래서 그들은 그냥 은행에 맡겨두는 쪽을 선택한다. 하지만 아마도 은행 역시 그들의 금을 가지고 있지 않다는 사실을 모르는 이가 많을 듯하다.

중앙은행은 골드만삭스, 시티뱅크, JP모간체이스, HSBC 같은 큰손들이 포함된 런던금시장연합회^{LBMA} 소속 은행에 금을 대여할 수 있다. 금 대여는 흔히 국제결제은행^{BIS}이라는 책임 없는 중개기관을 통해 이루어진다. BIS는 오래전부터 금 시장 조작, 나아가 중앙은행과 시중은행 사이에 금 판매를 담당하는 주요 채널로 활용되어왔다.

BIS는 연준이 한 번 대여한 금을 LBMA 회원사인 시중은행에 다시 대여할 수 있다. 시중은행은 일정한 양의 금 현물에 대한 권리증서를 확보하고, 그 열 배에 해당하는 금을 비할당으로 시장에 내다 판다. 이 대목에서 우리는 어떤 레버리지가 작동하는지 알 수 있다. 그들은 원하는 만큼 금을 팔 수 있지만, 금 현물은 하나도 가지고 있지 않아도 된다. 그저 대여 협정에 따른 서류만 가지고 있으면 그만이다.

이것은 막연한 추측이 아니다. BIS의 연례보고서를 찾아보면, 각주에 중앙은행과 시중은행의 대여 협정 항목이 나온다. 은행의 이름은 명시되지 않지만 그런 거래 자체는 확실하게 나온다. 여기에 연루된 시중은행은 LBMA 회원사여야 하니까 대충 윤곽이 나오고, 대여인은 중앙은행이 누구인지도 안다. 무슨 일이 벌어지는지를 알기 위해 굳이 추측에 의존할 필요가 없다.

스위스 바젤에 본부를 둔 BIS는 아주 흥미롭고 파란만장한 역사를 가지고 있다. 1920년대에 영국 중앙은행이 앞장서서 추진한 결과물로, 1930년에 설립되었다. 어떤 면에서는 아이들이 아무런 감시나 감독을 받지 않고 놀 수 있는 디즈니랜드 놀이시설과 비슷하지만, 감시와 감독을 받지 않고 노는 주체가 아이들이 아니라 중앙은행이라는 사실이 다르다.

한 달에 한 번 전 세계의 주요 중앙은행 관계자들이 바젤에 모인다. 50개 BIS 회원국의 중앙은행이 참여하는 큰 모임도 있고, 일곱에서 열 나라가량의 핵심 그룹이 따로 모이기도 한다.

큰 모임은 특정한 안건을 놓고 회의를 벌이지만, 열 나라가량의 핵심 그룹은 문을 걸어 잠그고 자기들끼리 거래를 벌인다. BIS는 세계에서 가장 불투명한 기관이다. CIA 같은 첩보 기관조차 이따금 기밀이 누설되어 곤욕을 치르는데, BIS에서 이런 일이 벌어졌다는 소리는 들어본 적이 없다. 그들의 웹사이트에도 별다른 내용이 없다. 누구나 접근 가능한 기술적 연구를 진행하기도 하고, 재무제표 감사를 받기도 한다. 하지만 그들이 무슨 논의를 했는지는 밝히지 않는다. 문을 닫아걸고 무슨 이야기를 나누었는지 회의록을 발표하지도 않고, 중앙은행장들의 회동 뒤에 기자회견을 하지도 않는다. BIS는 각국의 중앙은행이 완벽한 불투명성 아래 금을 비롯한 금융시장을 조작하는 이상적인 수단이다.

조작의 결합

여러 조작이 서로 결합하는 경우도 있다. 우선 LBMA 은행 딜러 이야기부터 시작해보자. 이 딜러는 중국에 금 현물 수요가 있고, 런던의 GLD 창고에 금이 있다는 사실을 안다. 그의 움직임은 이렇게 시작한다. 먼저 선물시장으로 들어가 금값을 후려친다. 겁을 먹은 개미들이 GLD 주식을 팔기 시작하고, 주가가 내려간다. 약삭빠른 투자자는 이 기회를 노려 시장에 진입한다. 개미들은 GLD 주식을 헐값에 팔아넘기는 반면, 큰손들은 금 현물을 사들인다. 관성에 따라 현물과 GLD 주식 사이에 격차가 벌어진다.

다음으로 LBMA 딜러는 현물 금을 중국에 공매도한다. 이어서 완전히 겁에 질린 개미들의 주식을 사들인다. 딜러는 그 주식을 이용해 금 현물을 확보하고, 그것을 중국에 인도한 뒤 차액을 챙긴다. 스스로 공급을 창출하고 차익거래를 성사시켜 그 둘의 차이에서 이익을 취하는 것이다. 10여 년 만에 처음으로 금값이 떨어지고 GLD의 창고에서 500톤의 금이 쏟아져 나온 2013년에 이런 유형의 조작과 차익거래가 있었다. 그 과정에서 재고는 더욱 줄고, 더 많은 현물이 중국으로 흘러들었다.

조작의 배후

지금까지 조작이 어떻게 이루어지는지, 현물 시장에서 이런 수법이 어떻게 활용되는지, 주로 COMEX, ETF, 헤지펀드, 대여 및 비할당계약 등의 분야에서 요즘의 상황은 어떻게 돌아가는지를 살펴보았다.

다음 질문은 "왜?", 그리고 "조작의 배후는 누구인가?"이다. LBMA 은행들은 그 속에서 차익거래와 거래 이익을 노리고, 헤지펀드는 관성 이익을 추구한다. 하지만 더 큰 규모의 정치적·정책적 이해관계가 개입하지는 않을까? 세상에는 적어도 단기적 차원에서 금값을 억제하고자 하는 강력한 동기를 가진 두 세력이 있다. 미국과 중국이다.

내가 보기에 전문가 중에는 연준의 이해관계를 잘못 분석하는 이들이 많다. 그들은 연준이 강한 달러의 이미지를 주기 위해 금값을 후려치려 한다고 생각한다. 그러나 인플레이션에 목숨을 거는 연준은 실제로는 약한 달러를 원한다. 그들은 달러가 사라지거나 붕괴하는 사태를 원하지 않지만, 달러의 가치가 떨어질수록 수입 비용이 늘어나 인플레이션을 유도하는 데는 도움이 된다. 미국은 순 수입국이다. 달러 가치가 떨어지면 수입 가격이 올라가고, 미국 내의 공급 사슬을 통해 인플레이션의 양분이 공급된다.

달러의 약세는 곧 금의 달러 가격이 올라간다는 의미다. 하지만 약한 달러/강한 금값의 가설에는 두 가지 조건이 따른다. 첫째는 연준이 약한 달러를 원한다고 해서 자동으로 달러가 약해지지는 않는다는 점이다. 인구통계, 테크놀로지, 부채, 레버리지 청산 등을 통한 자연적인 디플레이션 경향을 포함해 여러 반작용을 고려해야 한다. 또 하나의 반작용은 다른 나라들도 자국 경제를 위해 자국 통화의 약세를 원한다는 점이다. 화폐전쟁의 뿌리는 보복이다. 두 개의 통화가 동시에 서로에 대한 가치를 떨어뜨릴 수는 없으니, 일본이나 유럽을 돕기 위해 엔화나 유로화의 약세를 허용하면 연준의 바람과는 반대로 달러는 강해질 수밖에 없다(금은 약해진다). 하지만 장기적인 관점에서는 연준도 약한 달러/강한 금으로 표현되는 정책을 반대하지 않는다.

장기적으로 금값을 올리는 정책을 채택하기 위해서는 조건이 있다. 연준이 보기에 금값이 오르더라도 '질서 있게' 올라야 한다. 금의 달러 가격이 완만하게, 지속적으로 오르는 상황은 연준에도 문제가 되지 않는다. 연준이 두려워하는 것은 금값이 하루에 온스당 100달러씩 치솟아 상승 관성이 누적되는 '무질서한' 상황이다. 이런 조짐이 보이면 연준은 즉각 상승세에 고삐를 채우는 조치에 돌입할 것이다. 그런 조치가 성공할지 실패할지는 두고 봐야 할 일이지만 말이다.

2011년 7월과 8월, 9월 초에 걸쳐 벌어진 일은 좋은 사례가 될 법하다. 당시 금값은 폭등세를 보이는 중이었다. 온스당 1,700달러에서 순식간에 1,900달러로 올라가더니, 머지않아 2,000달러를 돌파할 기세였다. 온스당 2,000달러에 도달하면 관성의 심리학이 발동한다. 다음 단계는 온스당 3,000달러가 될 것이고, 이는 누가 봐도 무질서한 상황으로 보일 것이다.

금 가격의 변동이 통제를 벗어났다. 연준이 가격 조작에 나선 것은 궁극적으로 낮은 가격을 원해서가 아니라 무질서한 상승이 우려되기 때문이었다. 연준은 금값이 너무 빨리, 너무 많이 올라가 인플레이션 목표치를 바꿔야 하는 상황이 오지 않는 한 질서 있는 상승을 개의치 않는다. 그러나 필요하다고 판단되는 순간에는 언제든 시장 조작에 뛰어들 것이다.

이제 다른 하나의 세력, 중국을 생각해보자. 중국은 금을 사들이는 입장이니, 낮은 가격을 원하는 게 당연하다. 얼핏 생각하면 묘한 역설처럼 보인다. 중국처럼 많은 금을 보유한 나라가 왜 가격이 내려가기를 원할까? 이유는 아직 다 사들이지 못했기 때문이다. 중국은 미국을 따라잡으려면 아직 몇천 톤의 금이 더 필요하다. 중국이 낮은 가격으로 계속 금을 사들이려는 이유가 바로 거기에 있다. 중국 역시 금값을 조작할 강력한 동기를 가진 셈이다.

이런 미국과 중국의 상호작용은 흥미로운 정책적 함의로 이어진다. 미국 재무부는 어느 정도까지 중국의 바람을 수용할 필요가 있다. 중국이 수조 달러에 이르는 미국 재무부채권을 가지고 있기 때문이다. 연준과 재무부가 미국의 부채 부담을 덜기 위해 인플레이션을 원하는 반면, 중국은 인플레이션 때문에 재무부채권의 가치가 잠식되지 않을지 우려한다.

인플레이션이 현실화하면 중국은 재무부채권을 헐값으로 내다 팔고 싶은 유혹을 느낄 것이고, 그렇게 되면 미국의 금리는 올라가고 주식시장과 주택시장은 가라앉을 것이다.

인플레이션을 원하는 연준과 보유고를 지키고자 하는 중국의 이해관계는 중국이 싼값에 금을 사들이는 쪽으로 타협점을 찾았다. 인플레이션이 심해지지 않으면 중국의 금값도 많이 오르지 않겠지만, 그들이 보유한 채권의 가치는 보존된다. 만약 미국이 원하는 수준으로 인플레이션이 심화하면 중국이 보유한 채권 가치는 떨어지고, 그들이 보유한 금의 가치는 올라갈 것이다. 중국이 재무부채권과 금을 보유하는 이유는 설령 재무부가 인플레이션으로 미국 예금주들의 부를 박살 내려 하는 상황이 와도 중국의 부는 피해를 보지 않는 헤지포지션을 확보하기 위해서다. 미국의 예금주가 할 일은 중국과 똑같은 해결책을 찾는 것, 즉 금을 사는 일이다.

많은 추측과는 반대로, 중국은 적어도 단기적으로는 금에 기초한 통화를 출범시키기 위해 금을 사들이는 것이 아니라 재무부채권 포지션의 위험을 분산하기 위해서 금을 사들인다. 재무부가 이를 수용하지 않으면, 중국은 재무부채권의 포지션을 줄이려 할 것이다.

남은 것은 중국이 더 많은 금을 필요로 하며, 그러기 위해서는 가격이 지나치게 높아서는 안 된다는 맥락에서 미국 재무부와 중국의 이해관계가 묘한 동거를 시도한다는 사실이다. 내가 IMF와 연준의 고위 관계자들을 만나본 결과, 그들도 서방에 치중되었던 금이 동쪽으로 옮겨가는 새로운 균형 잡기가 진행되고 있다는 내 견해를 부정하지 않았다.

미국은 중국이 더 싼값으로 금을 구매하기 위해 시장을 조작하도록 내버려둔다. 연준 역시 무질서한 가격 상승이 일어나지 않도록 시장을 조작하는 경우가 있다. 이런 조작의 종착점은 어디일까? 개인 투자자들은 몰려드는 폭풍우를 피하기 위해 무엇을 해야 할까?

조작에 대처하기

한편에서는 미국, 다른 한편에서는 중국이라는 거대한 힘이 금값에 영향을 미친다는 이야기를 들으면, 개인 투자자는 어떤 자세를 취해야 할까?

사람들은 흔히 이렇게 말한다. "그들과 싸워서 이길 방법이 없잖아. 그러니 아예 금 시장 근처에는 얼씬거리지 않는 게 좋겠어." 단기적으로는 그들과 싸워 이길 방법이 없는 게 사실이지만, 장기적으로는 지고 싶어도 질 방법이 없다. 조작은 그 수명이 유한하기 때문이다. 결국은 조작 세력도 현물 금이 바닥날 것이고, 혹은 인플레이션 기대 심리의 변화로 정부조차 통제할 수 없는 가격 폭등이 일어날 것이다. 반전은 얼마든지 가능하다.

역사를 돌아보면, 조작이 오랜 세월 동안 지속할 수는 있어도 결국에는 반드시 실패한다는 사실을 알 수 있다. 1960년대의 런던 금 조합 사태를 비롯해 1970년대 후반에는 미국이, 1990년대와 2000년대 초반에는 중앙은행이 덤핑을 시도했지만 모두 실패로 끝났다. 런던 금 조합이 무너진 1968년에 온스당 35달러였던 금값은 2011년, 역대 최고가에 해당하는 온스당 1,900달러로 급등했다. 지금도 새로운 형태의 조작이 진행되고 있지만, 궁극적으로는 모두 실패할 것이다. 금의 달러 가격은 고공 행진을 재개할 것이 분명하다.

조작이 안고 있는 또 하나의 약점은 대여, 헤지펀드, 비할당금 선도 거래를 통해 서류상 금이 유행하는 현상에서 드러난다. 이런 기법들은 모두 강력한 위력을 발휘한다. 하지만 모든 조작은 일정한 양의 금 현물이 필요하다. 필요한 양이 그리 많지는 않아서 어쩌면 서류상 거래의 1퍼센트가 채 되지 않을지도 모르지만, 그렇다고 하나도 없으면 곤란하다. 금을 사들이는 국가가 많아지면서 금 현물은 빠른 속도로 자취를 감추는 중이다. 그러다 보니 서류상 금 거래의 액수에도 한도가 설정된다.

예를 들어 GLD의 창고에서 500톤의 금이 풀려나간 2013년의 조작 사례는 재현될 수 없다. 2014년 무렵, GLD에 800톤의 금밖에 남아 있지 않았기 때문이다. 이런 상태에서 GLD가 또 500톤을 방출하면 ETF가 보증인을 뒷받침할 금이 부족해지는 사태가 도래한다. 남은 금이 너무 작아 관리 수수료를 가지고 보험료, 보관료, 운영비 같은 여러 비용을 감당하지 못하는 날이 올 것이다.

세 번째로 고려할 부분은 중국의 GDP 대비 금 보유량이 미국의 그것과 맞먹거나 넘어서는 시점에 일어날 반전이다. 아직은 아니지만, 중국이 일단 그런 지점에 도달하면 더는 금을 사들일 정치적 이유가 없어진다. 중국은 다음에 또 국제통화시스템의 신뢰 회복을 위해 브레턴우즈 같은 회의가 벌어질 때, 대등한 목소리를 낼 수 있는 지위를 확보할 것이다.

중국이 충분한 금을 보유하면 미국과 중국은 질서가 깨지지 않는 한 금값의 변화에 개입하지 않아도 된다. 인플레이션이 통제를 벗어난다 해도 중국은 크게 잃을 것이 없다. 만약 지금 당장 인플레이션과 금값이 동시에 급등하는 사태가 벌어지면, 중국은 큰 어려움에 직면할 것이다. 중국이 가지고 있는 미국 재무부채권을 압박하는 포트폴리오의 손실을 헤지 hedge 할 금이 충분하지 않기 때문이다. 금값이 치솟는 상태에서 중국 경제가 미국보다 빠른 속도로 성장하면, 중국은 GDP 대비 금 보유량의 목표치를 달성하지 못할 가능성이 크다.

중국은 최대한 많은 금을 사들이는 중이지만, 세계의 주요 경제권 중에서 가장 빠른 성장을 거듭하는 동시에 GDP 대비 금 보유량의 목표치를 달성하기 위해 노력하고 있다. 이는 곧 목표가 계속 변한다는 뜻이다. 중국 입장에서는 충분한 금을 확보할 때까지 금값이 낮은 수준을 유지해야 한다. 매입이 끝나 금 보유량이 8,000톤에 다다르면, 미국과 중국은 이제 한숨 돌렸다며 악수를 나눌 것이다. 그 시점부터 금의 달러 가격이 올라 달러의 평가절하가 시작될 가능성이 크다.

나는 투자자들에게 금 가격의 변동 이면에 어떤 힘이 작용하는지를 이해하는 것이 중요하다고 조언하고 싶다. 어떤 방식으로 조작이 개입하는지, 반전은 어떤 양상을 띨 것인지, 물리적인 수요와 공급의 곡선이 어떤 형태인지 이해해야 한다. 이런 역학관계를 알고 나면 반전의 전망이 더욱 선명하게 눈에 들어올 것이며, 단기적인 가격의 움직임이 썩 바람직해 보이지 않는 시기에도 금을 보유하는 것이 왜 중요한지를 이해하게 될 것이다.

5장

금은 탄력적이다

2013년부터 2016년 사이, 네 차례에 걸쳐 금값이 1,150달러에서 1,050달러 수준까지 떨어졌다. 하지만 그때마다 번번이 반등이 일어났다. 금의 가치는 지극히 적대적인 환경에서도 탄력성을 보여준다. 금값이 오르지 않으면 투자자들은 낙담한다. 하지만 사실은 전반적인 물가가 어떻게 움직이는지, 인플레이션이 가라앉으면서 실질금리가 얼마나 오르는지를 고려하면, 금값이 더 떨어지지 않는다는 사실에서 위안을 얻을 수 있다. 우리는 강력한 디플레이션의 시대를 살고 있다. 금은 벌써 여러 차례 바닥을 치고 반등하며 상대적인 힘을 보여주었다. 앞으로 나아가기 위한 좋은 조짐이다.

금은 과거의 통화 붕괴를 견뎌내는 탄력성을 유지했고, 이것은 앞으로도 마찬가지일 것이다. 특히 사이버 금융전쟁 같은 더욱 강력하고 새로운 위협에 직면한 시대에는 더욱 그렇다.

사이버 금융전쟁

2013년 8월 22일, 나스닥이 반나절 동안 폐쇄되었다. 투자자들은 지금까지도 그때 무슨 일이 일어났는지 신뢰할 만한 설명을 듣지 못하고 있다. 별로 심각하지 않은 기술적인 문제가 원인이었다면, 지금쯤 진실이 드러났을 것이다. 프로그램에 오류가 있었다거나, 소프트웨어를 업데이트하는 과정에서 기술자가 실수했다거나, 새로운 소프트웨어를 설치하는 과정에서 문제가 생겼다고 설명하면 된다. 하지만 나스닥은 '인터페이스상의 문제'라는 모호한 해명 외에는 어떤 실질적인 정보도 공개하지 않고 있다.

왜 그럴까? 나스닥 자신은 알고 있을 것이다. 가능성 가운데 하나는 어느 사악한 해커 집단이, 혹은 중국이나 러시아의 사이버 군단이 저지른 범죄일지도 모른다는 설명이다. 투자자들은 미국과 세계 각국의 주요 증권거래소를 혼란의 도가니로 몰아넣을 해외의 사이버 전투부대가 존재한다는 사실을 잘 알고 있다.

2014년, 《블룸버그 비즈니스위크》는 "나스닥 해킹"이라는 제목의 기사를 공개했다. 이 기사는 2010년에 발생한 사건을 다룬다. 하지만 언론이 진상을 보도한 것은 2014년 7월의 일이었다. 나스닥은 연방수사국FBI, 국가안보국NSA, 국토안보부DHS의 도움으로 자신의 운영체제에서 컴퓨터 바이러스를 발견해 추적한 결과, 그것이 공격형 바이러스라는 결론을 내렸다. 범죄 집단의 소행이 아니라, 러시아가 심은 바이러스였다.

기자들은 나름의 의도를 가진 공식적인 정보원을 통해 수시로 이런 부류의 이야기를 접한다. 앞에 소개한 이야기는 왜 사건이 발생하고 4년이나 지나서야 공개되었을까? 보도는 제때 이루어졌다 해도, 정보원은 왜 4년을 기다렸을까? 행정관료가 투자자들에게 그보다 더 심각한 사태가 벌어질 수도 있다는 점을 경고하기 위해 러시아의 미국 금융계 침투 사실을 공개했을 거라고 추측할 수 있다. 말하자면 일종의 경고인 셈이다.

이럴 때 미국의 분석가들은 공통으로 미국의 해커들도 러시아 해커만큼이나 유능하다는 반응을 보인다. 러시아 해커가 뉴욕 증권거래소를 마비시키면 미국의 해커도 모스크바 증권거래소를 마비시킬 수 있다는 주장이다. 당연한 이야기다. 미국의 사이버전 능력은 어떤 강대국보다 뛰어나다. 하지만 그런 주장을 펼치기에 앞서 먼저 생각해볼 점이 있다.

러시아가 뉴욕 증권거래소를, 미국이 모스크바 증권거래소를 마비시키면, 누가 더 큰 피해를 볼까? 당연히 미국이 더 큰 피해를 본다. 미국 시장이 훨씬 더 중요하고 규모도 크기 때문이다. 미국 시장에 훨씬 많은 돈이 걸려 있고, 주식시장 마비에 따른 여파도 더 크다. 이에 비하면 러시아는 잃을 것이 그리 많지 않은 입장이다. 사이버전에서 보복과 확전을 피해야 하는 이유 가운데 하나는, 결과적으로 미국이 훨씬 많은 피해를 당한 채 끝날 가능성이 크기 때문이다. 러시아의 블라디미르 푸틴 대통령도 이 점을 잘 알고 있고, 그가 2014년에 자신만만하게 크림반도를 침공한 이유도 거기에 있다. 그는 미국이 금융전쟁의 확전을 원하지 않는다는 사실을 완벽하게 알고 있었다. 결국은 러시아보다 미국이 더 많은 것을 잃을 게 분명하기 때문이다.

냉전시대에 익숙하지 않은 독자를 위해 덧붙이자면, 그 당시에도 확전의 역학관계는 존재했다. 미국은 러시아(당시에는 소비에트 연방)를 완전히 파괴하기에 충분한 미사일을 보유했고, 러시아 역시 미국을 완전히 파괴하기에 충분한 미사일을 가지고 있었다. 이런 상태는 먼저 미사일 발사 단추를 누르고 싶은 유혹이 너무 크기 때문에 지극히 불안정한 상황이다. 어느 쪽이든 선제공격을 시작해 상대를 쓸어버리면 승리로 끝나기 때문이다. 이런 불안정성에 대응하는 방안은 더 많은 미사일을 만드는 것이었다. 선제공격을 당해도 다 파괴되지 않을 만큼 충분한 미사일을 보유하고 있으면, 반격이 가능해진다. 그렇게 되면 선제공격을 시작한 쪽도 당한 쪽만큼이나 피해를 본다. 이런 반격의 힘이 상대방의 선제공격을 억제하는 역할을 하는 것이다.

이와 똑같은 역학관계가 금융전쟁에도 적용된다는 사실을 제대로 이해하는 사람이 많지 않은 듯하다. 무기는 대칭적일지 몰라도 손실은 그렇지 않다. 미국이 훨씬 더 잃을 게 많기 때문이다.

사소한 우연에 의해 사이버 금융전쟁이 촉발될 위험도 간과하면 안 된다. 해커에게 뉴욕 증권거래소를 마비시킬 방법을 연구하라고 하면, 해커는 연습을 해야 한다. 개발 중인 무기를 테스트해보기도 해야 한다. 예를 들어 러시아의 해커들이 의도와는 무관하게 테스트 과정에서 우연히 금융시장의 패닉을 일으키거나 증권거래시스템을 마비시키는 상황이 생길 수도 있다. 특별한 광기가 작용하지 않고도 이런 일이 벌어질 수 있으므로 더욱 걱정스럽다. 우연한 사고가 치명적인 파국을 불러오는 셈인데, 이런 사고는 언제든 일어날 수 있다.

미국은 군 사이버 사령부Cyber Command와 NSA를 통해 사이버 전쟁을 막을 수 있는 뛰어난 억지력을 확보하고 있다. 하지만 전략적 원칙이라는 측면에서는 미흡한 점이 많다. 제재 및 금융 부정 감시센터Center on Sanctions and Illicit Finance의 후안 자라테와 국제전략연구소Center for Strategic and International Studies의 짐 루이스 같은 소수의 전문가만이 1960년대에 허먼 칸과 헨리 키신저가 수행했던 전략적 핵전쟁 독트린 수립과 비견될 만한 역할을 하고 있을 뿐이다. 이러한 전략적 결함은 사이버 금융전쟁의 위험을 증가시킨다. 이는 디지털의 형태가 아니어서 해킹이나 삭제가 불가능한 금을 소유하는 것이 얼마나 중요한지를 입증하는 또 하나의 근거가 된다.

달러의 포기

조금 낯선 정책으로 보이기는 하지만, 미국 정부는 2010년부터 달러의 건전성을 포기하는 정책을 효과적으로 수행해왔다. 그해 1월, 미국은 1980년 이래 힘을 얻었던 달러의 건전성 정책을 종식했다. 대신 인플레이션과 명목성장을 유도하려고 일부러 달러의 가치를 떨어뜨리는 정책이 시작되었다. 이 정책은 2009년 9월 피츠버그에서 개최된 G20 정상회담에서 시선을 끌었다. 이는 미국이 세계에서 제일 큰 경제 대국이고 미국의 성장이 와해하면 그 여파가 전 세계에 퍼져나간다는 견해에서 비롯되었다. 성장을 위해서는 값싼 달러가 반드시 필요하기 때문에 달러의 건전성이 폐기된 것이다.

  값싼 달러 전술이 촉발한 화폐전쟁은 지금도 여전하다. 화폐전쟁의 문제점은 논리적 결론이 없다는 점이다. 전 세계의 준비통화로 자리 잡은 달러의 역할을 축소하기 위한 여러 조치가 각국에서 시행되었다. 많은 미국의 무역 상대국과 금융 투자 파트너가 달러에 대한 신뢰를 잃었고, 적자를 메우고 신규 화폐를 발행하기 위해 달러의 위상을 활용하는 미국의 정책에 분개하고 있다.

예를 들어 경제 제재를 위반했다는 이유로 미국이 프랑스에서 제일 큰 은행 가운데 하나인 BNP 파리바를 상대로 거의 90억 달러의 벌금을 매긴 2014년, 프랑스에서는 한바탕 난리가 났다. 경제 제재 위반 행위는 미국의 관할권이 미치지 않는 프랑스와 스위스, 이란에서 발생했으며, 그 주역은 프랑스의 은행들과 이란의 거래처였다. 하지만 거래가 달러 단위로 이루어졌고 그 달러는 미국 연방준비제도와 재무부가 통제하는 결제시스템을 통해 흘러간다는 이유로, 거래 자체에는 해당 은행들이 미국 국내법의 적용을 받을 여지가 없어 보임에도 불구하고 미국의 관할권에 귀속되어야 한다는 해석을 내린 것이다.

이런 기소의 장점에 대해서는 의견이 분분하겠지만, 미국의 우방을 비롯한 교역국들이 전 세계를 지배하는 달러시스템에 신물을 내는 데 이런 사례가 한몫하는 것은 의심의 여지가 없다. 그 결과 외국의 은행들은 최대한 빠른 속도로 달러시스템과 거리를 두려 하고 있다.

두 개의 주권 국가 사이에서 벌어지는 금융거래는 간단히 말해서 점수 기록하기와 크게 다르지 않다. 예를 들어 내가 당신에게 상품을 보내 당신은 특정한 화폐로 나에게 대금을 지불해야 하고, 당신도 나에게 상품을 보내 내가 당신에게 또 다른 화폐로 대금을 지불해야 한다고 하자. 이때 두 화폐의 차액을 계산해 우리가 선택한 어떤 화폐로든 실제로 주고받아야 할 금액을 정산할 수 있다. 이것이 무역수지고, 주기적으로 정산이 이루어진다. 계산은 달러로 해도 되고, 야구 카드나 병뚜껑으로 해도 된다. 쌍방의 합의만 이루어지면 어떤 계산화폐나 회계단위를 사용해도 목적을 달성할 수 있다. 다시 말해서 다양한 화폐가 무역화폐로 활용될 수 있다는 뜻이다. 중국의 위안화도 예외가 아니다.

무역화폐와 준비화폐는 다르다. 준비화폐는 단순히 무역수지를 정산하는 수단에 그치지 않는다. 잉여금을 투자하는 방식이기도 하다. 준비화폐 역할을 하기 위해서는 투자 가능한 유동자산이 충분히 뒷받침되어야 한다. 중국 위안화가 실질적인 준비화폐가 될 수 없는 이유가 이것이다. 투자 가능한 자산의 풀이 없기 때문이다.

전 세계의 무역과 투자에서 발생하는 자본 흐름을 흡수할 만한 시장으로는 미국의 재무부채권 시장을 따라올 곳이 없다. 일본과 중국, 타이완, 그 밖의 몇몇 국가의 외환보유고만 합쳐도 그 총액은 수조 달러에 달한다. 단기적으로는 미국 재무부채권 시장을 제외하고 이 정도의 유동적인 자본 흐름을 흡수할 시장이 존재하지 않는다.

그렇다고는 해도 러시아와 중국을 비롯한 여러 나라가 달러의 헤게모니에서 벗어나고자 한다는 점은 의심의 여지가 없다. 그들은 달러에 토대를 두지 않은 시스템을 원하겠지만, 그러기에는 넘어야 할 장애물들이 있다.

중국은 3.2조 달러의 외환보유고 가운데 미국 달러화로 이루어진 자산이 2조 달러를 차지한다는 점에 두려움을 느끼며(나머지는 금, 유로화, 그 밖의 자산이다), 미국의 통화팽창 정책을 우려한다.

러시아 역시 2015년 동유럽과 중앙아시아를 상대로 품었던 야심이 미국의 반대에 부딪히고, 미국이 달러와 유로화에 토대를 둔 제재를 강요하는 탓에 달러에 등을 돌리고 싶어 한다.

사우디아라비아가 달러를 거부하려 하는 이유는 미국에 배신감을 느꼈기 때문이다. 2013년 12월, 오바마 대통령은 이란을 페르시아 걸프 지역의 맹주로 지목해 그들의 원자로와 우라늄 농축 프로그램을 묵인했다. 이는 이란을 그 지역의 실세로 인정하는 조치나 다름없다. 이미 수십 년 전에 미국과 비밀협정을 맺은 사우디아라비아는 뒤통수를 맞은 기분이었을 것이다.

닉슨과 포드 행정부 시절이던 1970년대, 사우디아라비아는 미국과 석유-달러 협정에 합의했다. 미국은 사우디아라비아의 국가안보를 보장하고, 그 대가로 사우디아라비아는 석유를 달러화로 판다는 합의였다. 석유 가격이 달러로 매겨지면 석유가 필요한 모든 나라는 달러가 필요해진다. 석유-달러 협정은 달러가 세계의 준비화폐로 자리를 굳히는 튼튼한 기초 역할을 했다.

지금은 중국과 러시아, 사우디아라비아처럼 석유와 천연가스, 공산품을 수출하는 강대국들이 모두 국제통화시스템의 달러 헤게모니 종식이라는 공통의 관심사를 가지고 있다.

2009년, 나는 미국 국방부의 첫 가상 금융전쟁 게임의 게임 디자이너이자 퍼실리테이터facilitator였다. 이 일에 대해서는 나의 첫 책《커런시 워》(2011)에서 소개한 적이 있다. 게임에서 나는 중국 팀, 다른 동료는 러시아 팀을 맡았다. 우리는 힘을 합쳐 러시아와 중국이 각각 보유한 금을 모두 스위스의 금고로 옮기고, 그 금을 기반으로 런던의 은행에서 새로운 화폐를 발행하는 계획을 고안했다. 러시아와 중국이 러시아의 에너지나 중국의 공산품을 사고 싶은 사람에게 이제부터는 달러 대신 자기네가 만든 새로운 화폐만 받겠다고 선언하는 것이다. 이 새로운 화폐를 원하는 사람은 벌어서 쓰든지, 빌리든지, 아니면 러시아와 중국처럼 금을 예탁하고 런던 은행에서 발행한 화폐를 받아야 한다. 런던 은행은 철저하게 금에 기반해 화폐를 발행한다.

이렇게 되면 하루아침에 새로운 금 본위제도, 즉 러시아와 중국이 주도하고 다른 나라의 참여를 요구하는 새로운 화폐가 등장한다. 러시아와 중국의 수출품이 필요한 나라들은 당장 이 새로운 화폐를 쓰지 않을 수 없다.

러시아와 중국의 새로운 금 본위제도가 당장 효력을 발휘하지는 못한다는 점은 우리도 알고 있었다. 그러나 이 게임의 핵심은 '상자 바깥'의 사고를 하게끔 하고, 펜타곤이 다음 산등성이 너머 미래를 내다보는 안목을 갖출 수 있도록 돕는 것이었다.

그 게임에 우리와 함께 참여한 저명한 경제학자들은 우리를 비웃었다. 자타가 공인하는 거장들이 금은 국제통화시스템의 주체가 아니라며 우리 작전을 웃어넘긴 것이다. 우리는 모두의 시간을 낭비한다는 비난에 직면했다.

우리는 크게 개의치 않았다. 게임이 어떻게 전개되는지 두고 보자는 생각이었다. 하지만 우리가 이 시나리오를 구상한 2009년 이후, 러시아는 금 보유고를 100퍼센트 늘렸고 중국 역시 몇백 퍼센트 이상 늘렸다. 바꿔 말해서 중국과 러시아는 우리의 예측을 한 치도 벗어나지 않는 방향으로 행동했던 것이다. 그들은 국제통화시스템의 균열을 내다보았다. 그리고 그 대비책으로 금을 선택했다. 투자자들은 여기서 교훈을 얻어야 한다.

이것은 내일 아침에 눈을 떠보면 루블화가 금이 뒷받침하는 세계의 준비통화가 되어 있을 거라는 이야기가 아니다. 나도 그렇게 되리라고 예상하는 것은 아니다. 그러기에는 러시아의 부패, 법치와 채권시장의 부재 등등 여러 난관이 산적해 있다. 가까운 미래에 루블화가 세계의 준비통화로 자리 잡기란 쉽지 않을 것이다. 하지만 러시아와 중국이 달러에서 멀어져 금을 향해 다가서는 현실은 부정할 수 없다.

우리는 2014년 7월, 중국과 러시아가 여러 해에 걸쳐 수십억 달러에 달하는 천연가스 및 석유 개발과 무역 거래를 발표하는 장면에서 그 증거를 목격했다. 이어서 러시아는 이란을 상대로 규모는 조금 작지만 그와 유사한 협정을 맺었다고 발표했다. 이란과 러시아는 둘 다 미국의 경제 제재를 받는 나라들이다. 이란은 한동안 달러화 결제시스템에서 축출되기까지 했다. 러시아는 아직 그런 지경까지 가지는 않았지만, 미국은 수시로 비슷한 협박을 일삼는다. 이란과 러시아는 무기, 원자로, 금, 식량 등 여러 분야에서 새로운 협정을 맺으며 달러의 덫에서 벗어나기 위해 손을 맞잡고 있다.

러시아가 이란의 석유를 사기로 합의했다는 점은 흥미로운 일이다. 세계에서 석유를 제일 많이 수출하는 나라인 러시아가 이란의 석유를 사겠다고? 이란이 최근까지 미국의 제재 때문에 쉽사리 공개시장에서 석유를 팔 수 없었다는 점에서 그 질문의 답을 찾아야 한다. 이란이 러시아에 석유를 팔면, 러시아는 중국을 비롯한 여러 나라에 그 석유를 되팔 수 있다(석유는 어느 정도 대체가 가능하다). 이미 미국의 제재 대상에 속해 있는 러시아가 이란의 석유를 (역시 미국의 제재 대상인) 중국에 파는 중개자 역할을 맡으면 중국은 손을 더럽히지 않아도 된다.

최근의 중국은 스위스와 통화스와프를 체결해 위안화와 스위스프랑을 맞바꿀 수 있게 되었다. 이제 몇 개의 점들이 연결되기 시작한다. 중국은 누구나 선호하는 경화硬貨인 스위스프랑에 접근할 수 있다. 이란은 러시아에 석유를 팔고, 러시아는 그 석유를 중국에 되판다. 중국은 그 대금으로 러시아가 새로운 브릭스BRICS 은행을 통해 조정할 수 있는 스위스 프랑을 지불한다. 연쇄적으로 이어지는 이 사슬이 뭔가 허전하지 않은가? 어디에도 달러가 끼어들 여지가 없다.

이런 나라들이 달러의 헤게모니를 끝장내려고 막후에서 힘을 합치는 동안에도 미국은 태평스러워 보인다. 어느 날엔가는 눈을 뜬 투자자들이 자유낙하하는 달러를 멍하니 바라보며 그 이유를 궁금해할지도 모른다. 하지만 우리는 이미 대전환의 시대가 다가옴을 알 수 있다. 신뢰를 잃고 달러가 붕괴하면, 국제통화시스템 전체가 붕괴할 것이다. 적어도 나의 예측은 그러하다.

신흥시장의 역할

현재 미국의 통화정책은 신흥시장에 아주 해로운 영향을 미친다. 신흥시장은 금리를 올리거나 내리는 방법, 자본의 흐름을 통제하는 방법 외에는 딱히 그런 영향을 극복할 길이 없다. '닻 없는 세상'에서는 시장이 이런 식으로 움직인다.

연준은 신흥시장에서 손을 떼는 정책을 꾸준히 실행에 옮겨왔다. 벤 버냉키와 재닛 옐런을 비롯한 연방준비제도 고위 관계자들은 자기네의 역할이 미국 경제에 초점을 맞추는 것이라고 거듭 밝힌 바 있다. 신흥시장을 걱정하는 것은 연준의 임무에 포함되지 않는다는 것이다. 연준의 관점에서 신흥시장은 화폐전쟁의 부수적인 피해자일 뿐이다. 연준은 지나가는 행인을 치고는 오히려 그 사람이 앞길을 가로막았다고 비난하는 음주운전자 같은 행태를 보인다.

예를 들어 연방준비제도는 남아프리카공화국을 향해 암암리에 이런 메시지를 던진다. "너희 통화가 지나치게 약세라고 생각하면, 금리를 올려." 남아프리카공화국이 그렇지 않아도 심각한 실업 문제를 더욱 악화시키지 않고 어떻게 금리를 올린단 말인가? 전 세계가 이런 난제에 직면해 있다고 해도 과언이 아니다. 연준은 미국의 통화정책이 나머지 세계에 미치는 영향을 애써 외면하는 모습을 고수한다.

달러는 적어도 아직은 세계를 지배하는 준비통화의 지위를 지키고 있다. 신흥시장, 즉 BRICS는 대부분의 외환보유고를 달러화로 가지고 있다. 달러화의 자본시장은 이런 신흥시장과 비교할 때 여전히 거대한 규모를 자랑한다. 그 결과 신흥시장은 단기 투기자본의 유입과 유출에 아주 취약하다.

달러 자본이 연준의 시장 조작에 근거해 흘러들거나 빠져나가면, 이런 신흥시장 전체가 커다란 영향을 받는다. 연준이 '리스크 허용' 모드를 지지할 때는 신흥시장으로 자금이 유입된다. 그러나 연준의 금리정책이 빡빡해지고 세계가 '리스크 차단' 모드로 돌아서면, 순식간에 그만큼의 돈이 빠져나간다. 신흥시장의 관점에서는 자본통제라는 카드를 꺼낼 수밖에 없다. 요르단, 말레이시아, 필리핀, 베트남 등의 중앙은행은 최근 들어 달러의 불안정성에 대한 헤지 수단으로 금 보유고를 늘리는 추세다.

연방준비제도가 직면한 위험 요소 가운데 하나는 신흥시장의 위기를 촉발할지도 모른다는 점이다. 신흥시장은 달러에 종속되어 있으므로 어느 쪽으로 방향을 잡아야 할지 알지 못한다. 연준은 금리정책을 통해 달러를 조작한다. 다시 말해 세계의 모든 시장을 간접적으로 조작한다는 뜻이다.

신흥시장의 이런 취약성을 고려하면, 그 가운데 몇몇 국가가 자본통제를 감행한다 해도 별로 놀라운 일이 아니다. 우리는 20년 동안 끊임없이 세계화, 즉 국경을 뛰어넘는 자본시장의 통합을 논의했다. 그 결과 지금은 전 세계가 밀접하게 연결되어 있다. 오르막길이 세계화된다는 말은 곧 내리막길도 세계화된다는 뜻이다. 주도적인 신흥시장 가운데 어느 하나가 국제수지나 외환보유고의 심각한 위기에 맞닥뜨리면, 순식간에 걷잡을 수 없는 상황이 도래한다.

실제로 1997년과 1998년에 이런 일이 벌어졌고, 그로 인해 전 세계의 자본시장이 무너질 뻔했다. 태국에서 시작된 위기가 인도네시아와 한국으로, 급기야는 러시아까지 번졌다. 그로 인한 러시아의 국가 부도는 롱텀캐피털매니지먼트^{LTCM}의 파산으로 이어졌다. 당시 나는 LTCM에 몸담고 있었으니, 제일 앞줄에서 위기의 현장을 생생히 목격한 셈이다. 연준과 IMF가 개입하기 전까지 이 위기는 세계의 모든 주식 및 채권시장을 몰락의 길로 몰아갔다. 이런 일은 언제든 또 일어날 수 있다.

혼돈과 붕괴

투자자는 물론 평범한 시민들도 세계의 통화시스템에 커다란 불안정성이 잠재되어 있음을 안다. 세계 어디를 가나 그런 우려의 목소리를 들을 수 있다. 하지만 연방준비제도나 미국 재무부, IMF 같은 권력의 핵심부는 여전히 시스템의 문제점에 둔감하다. 세계의 통화시스템이 벼랑 끝을 향하고 있음에도, 정책 집단 내부에서 문제의 본질을 파고들거나 해결책을 끌어내려는 움직임은 좀처럼 보이지 않는다.

우리는 국제통화시스템의 붕괴를 향해 다가서는 중이다. 당장 내일 아침은 아닐지 몰라도, 머지않아 현실로 닥칠 일이다. 확실히 10년짜리 예측은 아니다. 5년이라면 어떨까? 그럴 수도 있다. 1년 안에 그런 일이 벌어질 수도 있을까? 물론이다.

정확한 시기를 이야기할 수는 없지만, 어차피 머지않아 일어날 일이니 오늘 당장 준비를 시작한다 해도 나쁠 것은 없다. 국제 통화 위기가 발생한다고 해서 자동으로 금 본위제도로 돌아간다는 뜻은 아니다. 그래도 그것이 신뢰를 회복하는 데 필요한 결과 가운데 하나일 수는 있다.

정말로 금 본위제도로 돌아가려면, 금의 달러 가격이 어떻게 될 것인지를 결정해야 한다. 20세기의 가장 큰 경제적 실책, 아니 어쩌면 역대 최대의 경제적 실책 가운데 하나는 여러 국가가 잘못된 가격으로 금 본위제도로 돌아간 1920년대에 발생했다. 그 국가들은 제1차 세계대전의 전쟁비용을 대기 위해 너무 많은 돈을 발행한 나머지, 전쟁 이전의 가격을 유지한 채 금 본위제로 돌아갔고 거의 재앙에 가까운 디플레이션을 초래했다. 영국은 과거의 금-화폐 교환 비율로 돌아가기 위해 화폐 공급을 긴축해야 했다. 영국은 그 사이에 많은 화폐가 발행되었다는 사

실을 고려해 금의 온스당 가격을 훨씬 더 올려서 새 출발을 시
도하는 게 나았을 것이다.

오늘날 금 본위제도로 돌아가려 하는 국가는 이런 1920년대
의 실책을 되풀이하지 말아야 한다. 계산은 아주 간단하다. 오늘
날 디플레이션 없이 금 본위제도를 정착시키기 위해서는 통화
공급량, 그것을 뒷받침할 금의 비율, 새로운 시스템으로 들어올
국가의 선택 등에 따라 온스당 1만 달러에서 5만 달러 사이의
가격이 필요하다. 나는 금값이 온스당 5만 달러가 될 거라고 예
상하거나 기대하지는 않지만, 어떤 형태로든 금 본위제도가 돌
아오면 온스당 1만 달러까지는 무난할 거라고 예상한다.

만약 세계 각국의 정부가 통화 붕괴를 피하기 위한 조치를 취
한다면, 나도 전망을 수정해 우리가 현명한 정책을 따르고 있으
므로 재앙으로부터 멀어지는 쪽으로 이동한다고 결론 내릴 것
이다. 하지만 현실은 그 반대다. 현명한 정책은 찾아볼 수 없고,
붕괴는 다가오고 있으며, 신뢰를 회복하기 위해서는 금의 달러
가격이 훨씬 더 올라가야 한다. 내가 언론의 시선을 끌려고 도발
적인 수치를 제시하는 것이 아니다. 주변에 널린 데이터에 기반
해 지극히 현실적으로 분석한 결과일 뿐이다.

그렇다고는 해도 금의 유동적인 속성이 달라지지는 않는다.
금에 투자한 사람이라면 달러 가격이 내려가는 추세가 절대 반
갑지 않을 것이다. 확실히 그것은 즐거운 일이 아니다. 나는 개

인적으로 달러 가격이 올라간다고 해서 지나치게 행복해하거나 달러 가격이 내려간다고 해서 지나치게 우울해하지 않는다. 나에게는 그것 또한 기본적인 역학관계에 관한 통찰을 제시하는 또 하나의 시장정보일 뿐이다. 나는 달러 가격이 내려간다고 해서 금을 내다 팔지 않는다. 때로는 더 사는 경우도 있다. 가격이 마음에 들고, 그때가 꽤 괜찮은 진입시점이라고 생각할 때 그렇게 한다.

달러의 추락이 가져올 결과 가운데 가장 가능성이 큰 것은 세계 금융시스템의 복잡성에서 비롯하는 혼돈 혹은 붕괴다. 이런 상황을 원하는 사람은 아무도 없다. 이런 혼란과 붕괴에서 뭔가 이득을 취하려고 기회를 엿보는 이들이 있을 거라고도 생각하지 않는다.

하지만 시스템의 동적 불안정성, 리스크를 정확히 분석할 능력의 부재, 희망이 지배하는 사고방식, 경제학자들의 잘못된 분석, 그 밖의 온갖 부정과 지연으로 결국은 그런 상황이 벌어질 것이다. 이런 분석적 결함 가운데 상당수는 특정한 인지적 속성에서 비롯되고, 그것은 인간 본성의 일부이기도 하다. 붕괴를 원하는 사람은 없어도 중앙은행의 책임자들, 재정관료들, IMF 임원들, 각국의 정부 수반, G20 정상 등과 같은 정책 입안자들이 시장 리스크를 오판하고 시스템의 변화를 유도하기에 충분한 조처를 하지 않으면 결국은 붕괴를 피할 길이 없다. 따라서 나는 이런 혼돈이 유발될 가능성이 아주 크다고 생각한다.

만약 당신이 투자자나 포트폴리오 매니저, 혹은 그저 상황을 더 합리적으로 판단하려 노력하는 사람이라면, 붕괴의 시기와 그 기폭제를 놓고 어떤 절대적인 예측에 집착해서는 별 성과를 거두지 못할 듯하다. 나 같으면 그 대신 내가 징후와 경고라고 부르는 요인들을 따져보려고 노력할 것이다(정보 분석에서 이런 방법을 사용한다).

문제 해결의 예화로, 내가 네 갈래의 갈림길 앞에 서 있는 장면을 떠올려보자. 나는 어떻게 긁어모은 단편적인 데이터를 가지고 막연한 추측만 할 뿐, 내가 어느 길로 접어들었는지 모르는 채 길을 떠난다. 하지만 가다 보면 표지판이 보인다. 이런 표지판을 활용하면 내가 어느 길로 들어섰는지 판단하는 데 도움이 된다. 예를 들어보자. 나는 뉴욕에 산다. 보스턴으로 가는 길에는 맥도날드가 있고, 필라델피아로 가는 길에는 버거킹이 있다. 길을 가다가 버거킹이 보이면 나는 이 길이 보스턴으로 가는 길이 아니라는 사실을 알게 되고, 따라서 그 가능성을 배제한다. 애초의 추측이 합리적이고 표지판을 제대로 해석하면, 이는 내가 어디로 가는지를 판단하는 강력한 도구로 작용한다. 똑같은 기술이 금리정책을 비롯한 경제의 여러 측면에 적용될 수 있다. SDR이든 금이든 여러 종류의 준비통화든 일종의 붕괴든, 분석을 통한 예측과 문제 해결에 강력한 분석적 도구를 동원할 여지가 생기는 것이다.

하지만 실제로 붕괴가 발생하면 가혹한 집행명령과 계좌동결 같은 정책적 대응이 나타난다. 은행계좌의 동결에 국한되는 것이 아니라 뮤추얼펀드, ETF, 그 밖의 대중적인 투자상품 모두가 동결된다.

붕괴 이후에는 금 본위제도나 수정된 금 본위 SDR이 등장할지도 모른다. 금 혹은 SDR의 가능성이 가장 큰데, 어쩌면 금 본위 SDR이 최선의 가능성일 수도 있다. 이런 종착지로 이어지는 길은 두 가지다. 꽃길과 가시밭길이 그것이다.

금 본위 SDR에 도달하는 꽃길은 진지하게 문제를 검토하고 합리적으로 대처하는 길이다. 실무진과 위원회, 기술 연구팀을 구성해 합의를 끌어내고, 나라마다 돌아다니며 필요한 정책 변화를 유도한다. 오늘날 유로존이 그리스를 비롯한 유로존 전반의 구조 개혁과 관련하여 하는 일이 바로 이런 것이다.

가시밭길은 표지판을 무시하고 붕괴를 방치해두었다가 정부의 강제, 혹은 집행명령으로 목적지를 찾아가는 길이다. 이렇게 되면 혼란과 비용은 더욱 커지고, 결국은 제자리를 벗어나지 못할 위험도 있다. 사람들이 기존의 종이 화폐시스템에 대한 신뢰를 잃으면 우선 그것부터 회복시켜야 한다. 그러기 위해서는 새로운 통화, 즉 SDR에 기대거나 가장 오래된 형태의 돈, 즉 금에 눈을 돌릴 수밖에 없다.

은행이 문을 닫으면 많은 투자자와 예금주들이 돈을 잃을 것이고, 이것은 금을 확보해야 하는 좋은 이유가 된다. 은행시스템 바깥에 보관된 금 현물은 채권자손실부담제도^{bail-in}의 영향을 받지 않는다. 나는 내 돈 전부를 은행, 혹은 주식과 채권 같은 트레이딩 포지션에 넣어두고 싶지 않다. 물론 운영 자금으로 은행에 약간의 돈을 넣어둘 필요는 있다. 하지만 나는 은행시스템 바깥에 금 현물을 보유해야 한다. 또 한 번 위기가 닥치면 은행계좌가 동결되거나 채권자가 손실을 부담해야 하는 사태가 닥칠 것이기 때문이다.

채권자손실부담제도의 가능성

'채권자손실부담제도'는 은행의 부도로 예탁자가 자신의 돈을 모두 되찾지 못하는 상황을 일컫는 전문용어다. 은행 예금의 일부는 보험이 적용되거나 소액의 예금이 상환될 수도 있다. 하지만 보험 한도를 초과하는 거액 계좌는 은행의 자산으로 전환되거나 완전히 청산되어버린다. 은행에 돈을 빌려준 사람이나 채권을 가지고 있는 사람도 마찬가지다. 자본이 고갈된 은행은 지급불능 상태에 빠지고, 예탁금과 어음 형태의 채무가 자산을 초과한다. 이런 상황에서는 회전시킬 돈이 부족해 은행 채권자와 예탁자는 손실을 피할 수 없다.

그들은 은행이 언젠가 건전성을 회복하고 자산이 미래 가치를 확보할 거라는 희망으로 본의 아니게 자신의 어음과 예탁금을 자산으로 전환한다. 원하는 바는 아니지만, 그나마 빈손으로 돌아서는 것보다는 낫다. 이것이 채권자손실부담제도다. 예탁자와 채권자가 본인의 의사와는 무관하게 주주의 위치로 끌려들어오는 것이다.

미국에서는 채권자손실부담제도가 1934년부터 법으로 허용되어왔다는 사실을 알면 깜짝 놀라는 사람이 많다. 1934년 이전에는 예탁자에 대한 보험 같은 것이 존재하지 않았고, 따라서 은행이 파산하면 고스란히 돈을 날리는 예탁자가 허다했다.

미국 연방예금보험공사FDIC는 1934년에 설립되어 오늘에 이른다. 보장 금액에는 언제나 한도가 있다. 한도는 꾸준히 증가해 지금은 25만 달러가 되었다. 소액 예금이라면 충분히 감당할 만큼 적지 않은 금액이다. 하지만 부유한 개인, 많은 예금을 가진 은퇴자, 기업 계좌, 비즈니스 계좌, 기관 등을 포함한 거액의 예탁자들은 그보다 훨씬 많은 금액을 은행에 넣어두곤 한다. 100만 달러짜리 집을 판 사람은 거래 당일로 은행계좌에 100만 달러짜리 수표가 들어온다. 그 돈이 오랫동안 은행에 예치되지는 않겠지만, 그래도 어느 정도는 은행에 있을 수밖에 없다. 많은 사람이 미처 깨닫지 못하거나 은행은 당연히 안전하다고 믿겠지만, 보험 한도를 초과하는 금액은 늘 위험에 처해 있다고 해도 과언이 아니다.

2008년과 그 이듬해까지 이어진 은행의 줄도산은 정부의 개입이 아니었으면 훨씬 더 심각한 지경까지 다다랐을 것이다. 다음에 또 공황 상태가 몰아닥치면 채권자손실부담제도가 시행될까? 미국에는 그런 판단에 영향을 미칠 만한 당국이 여럿이다. 연방예금보험공사^{FDIC}, 연방준비제도, 재무부, 통화감독청 ^{OCC} 등이 대표적이다. 그들은 예금주들을 상대로 채권자손실부담제도가 발동될 가능성을 여러 차례 경고했다. 은행의 붕괴가 시장의 붕괴를 초래할 수도 있지만, 그 반대의 경우, 즉 자산가치가 하락하면 시장의 붕괴가 은행의 붕괴를 초래할 수도 있다. 질병은 그런 식으로 전염된다. 항상 직선으로만 움직이지 않는다.

1930년대 이후 은행시스템이 이렇게 불안정한 적은 없었다. 1980년대에 미국의 수많은 주택 대부조합이 문을 닫았지만, 예금주가 큰 피해를 본 경우는 거의 없었다. 대부분의 손실은 채권자와 주주에게서 발생했다. 1980년대의 위기는 FDIC가 예금주의 저축까지 집어삼켜야 할 만큼 심각하지는 않았다. FDIC가 설립되기 전에는 손실을 보는 예금주가 부지기수였다. 미국의 역사를 돌아보면 '뱅크패닉^{bank panic}'의 사례가 수없이 많다. 한마디로 미국 은행의 역사에서 채권자와 예금자의 손실은 전혀 새로운 일이 아니라는 뜻이다. 최근 들어 일어나지 않았을 뿐이다.

미국 은행의 역사에서 새롭게 나타나는 현상은 예금주와 규제당국의 각성인데, 이는 아마도 2013년의 키프로스와 2015년의 그리스에서 발생한 금융위기 때문이 아닐까 싶다. 키프로스 사태 이후 유럽과 미국의 여러 규제기관은 이제 채권자손실부담제도가 미래의 패닉에 사용될 표준이 되었다고 공언했다. 2014년 호주의 브리즈번에서 개최된 G20 정상회담에서 20개국의 정상과 IMF가 이 표준을 재가했다는 사실에 주목해야 한다. 또 한 번 뱅크패닉이 닥치고 대규모의 채권자손실이 발생하면, 예금주들은 이런 일이 벌어질 줄 미처 몰랐다고 변명할 여지가 없다. 신중한 사람이라면 미리 예금을 찾아 금을 사둘 것이고, 적어도 그만큼의 부는 보존될 것이다.

몰수와 초과이득세

미국 정부는 통화시스템에 커다란 위기가 찾아올 경우, 금의 몰수 혹은 달러로 환산한 금 수익률을 대상으로 하는 초과이득세 부과, 혹은 그 두 조치를 동시에 동원할 수단을 가지고 있다. 미국 시민권자가 아닌 사람에게는 미국의 사법권이 제한되겠지만, 정부는 미국 영토 혹은 미국 은행에 보관된 것이라면 무엇이든 몰수할 수 있다.

로어 맨해튼의 리버티 스트리트에 자리한 뉴욕 연방준비은행에는 약 6,000톤의 금이 보관되어 있다. 그 가운데 미국 소유인 약간의 금을 제외하면 나머지는 외국과 IMF의 소유지만, 경제 상황이 위중해지면 미국 재무부가 간단히 그 금을 몰수할 수 있다. JFK 공항 부근에 약 3,000톤의 금이 보관되어 있고, 뉴욕시 39번 스트리트와 5번 애비뉴가 만나는 곳의 HSBC 금고를 비롯해 큰 창고가 몇 개 더 있다.

미국은 사실상 그 모든 금을 몰수해 미국 정부 소유로 전환할 수 있다. 원래 소유자에게는 미국이 주도하는 새로운 국제통화 시스템이 정하는 새로운 규정에 따라 자신의 금을 돌려받을 수도 있다는 영수증을 한 장 써주면 그만이다.

연준과 그 밖의 대형 금고에 예치된 외국 소유의 금을 몰수하기란 간단한 일이지만, 개인이 보유한 금을 몰수하기는 조금 더 까다롭다. 루스벨트 대통령이 미국 국민의 금을 몰수한 1933년에는 정부에 대한 신뢰, 경제붕괴에 대한 두려움, 대통령이 누구보다 잘 알 거라는 믿음이 팽배했다. 국민은 대통령이 금을 내놓으라고 하면 마땅히 그렇게 해야 한다고 생각했다. 지금은 그런 전제 조건이 달라졌다. 정부에 대한 신뢰는 땅에 떨어졌고, 정치인이 제일 잘 안다는 믿음도 깨진 지 오래다. 개인이 가지고 있는 금 현물을 내놓으라고 하면 거센 시민불복종 움직임이 일어날 테니, 정부도 함부로 그런 소리를 하지 못할 것이다.

하지만 미국 정부가 내놓을 만한 조치는 거래 보고를 의무화해 은행과 중개인들에게 초과이득세를 부과하는 법안을 제정하는 일이다. 정부는 금 중개인에게 거래 내역과 현금수지보고, 서식 1099(독립 계약자의 세금 보고 양식)를 제출하도록 하고, 연방 면허 교부 조건을 비롯한 여러 정보 자료를 수집한다. 이런 정보를 토대로 실제로 거래가 이루어진 경우는 물론 서류상의 이윤에 대해서도 90퍼센트의 초과이득세를 부과할 수 있다(이렇게 되면 세금을 내기 위해 금을 팔아야 하는 사람이 많이 생길 것이다).

현명한 금 투자자라면 이런 사태를 충분히 예견할 수 있다. 간단히 집행명령으로 금에 대한 초과이득세를 부과하기 힘든 이유는 과세에 대한 의회의 통제 때문이다. 이런 세금을 부과하려면 입법 과정이 선행되어야 하는데, 여기에는 많은 시간이 걸린다. 따라서 금을 가진 이들은 사전에 조짐을 알아차리고 대처할 시간을 확보할 수 있다. 사실 이런 일은 아예 벌어지지 않을지도 모른다. 단 몇 명의 상원의원만으로도 이런 입법 절차가 중도에 중단될 수 있기 때문이다.

금의 몰수보다 더 심각한 위협은 은퇴 연금, 즉 401(k)와 뮤추얼펀드를 동결하는 조치다. 미국 정부는 정부 지원의 연금을 지급하는 조건으로 모든 401(k)를 몰수할 수 있다. 이렇게 되면 확정 기여형 퇴직 연금 시스템이 통째로 광의의 사회 보장으로 전환되는 셈이다. 위기 상황에서는 몰수, 채권자손실부담, 자산

동결, 특별세, 초과이득세, 주식의 연금 전환 등과 같은 특별 조치를 배제할 수 없다. 2008년보다 더 심각한 위기가 닥치면 우리가 흔히 생각할 수 있는 모든 몰수 방법이 검토될 것이다.

상황이 더 악화되면 세계 각국의 정부는 어떤 조치도 마다하지 않을 것이다. 전문가 중에는 정부의 입장에 서서 필사적인 관료의 관점으로 고민해도 모자랄 판에, 여전히 자유시장 원칙이라는 잣대를 고수하는 이들이 너무나 많다. 관료의 입장에서는 정권 유지가 첫째요, 개인의 재산을 지키는 일은 뒷전일 뿐이다.

전문가들은 경영대학원이나 경제학 수업 시간에 배운 지식을 가지고 시장의 합리성과 효율성이라는 가정 아래 정치를 분석한다. 정부는 그런 식으로 움직이지 않는다. 정부는 싸워보지 않고 그냥 물러나는 법이 없다. 경제가 위기에 빠지면 돈을 둘러싼 폭동이 발생할 것이고, 사람들은 자신의 돈을 되찾으려 할 것이며, 사회적 불안은 점점 악화할 것이다. 네오파시스트 같은 반응도 배제할 수 없다.

현금과의 전쟁

통화전쟁, 금융전쟁과 더불어 미국에서는 현금과의 전쟁도 있다. 자유롭게 현금을 사용할 권리가 위태로워지면, 경제적 불확실성의 시대일수록 금 현물에 투자할 또 하나의 이유가 생기는 셈이다.

현금을 보유해야 할 이유는 한둘이 아니다. 주로 현금을 주고 받는 비즈니스도 많고, 비상시를 대비해 현금을 가지고 있으려 는 사람도 많다. 내가 사는 미국 동부 해안 지역은 태풍과 온대 성 저기압에 취약하다. 며칠, 몇 주 동안 전기가 끊기는 사태가 생기지 말라는 법이 없다(실제로 태풍 샌디 때도 그랬다). 전기가 끊 기면 현금인출기도, 신용카드 기계도 작동하지 않는다. 이런 경 우에 대비해 약간의 현금을 보유하는 것이 좋다.

그런데도 우리는 디지털 화폐, 혹은 이른바 '현금 없는 사회' 가 빠른 속도로 다가오는 현상을 목격하고 있다. 사람들은 "그 래서 뭐? 디지털 세상이 훨씬 더 편하지 않아?" 하고 말한다. 나 도 동의한다. 나 역시 수많은 여느 미국인처럼 신용카드와 직불 카드를 쓰고, 페이팔과 애플페이를 쓴다. 하지만 이런 디지털의 추세와 관련해 진지하게 생각해볼 점들이 있다.

모든 것이 디지털로 이루어진 시스템은 마이너스 금리의 경 제와 무관하지 않다. 정부는 마이너스 금리라는 핑계로 개인이 은행계좌에 넣어둔 마지막 한 푼까지 쓰도록 강요한다. 은행이 우리에게 이자를 지급하는 대신, 우리에게서 이자를 받아가기 때문이다. 이런 마이너스 금리에 대처하는 가장 쉬운 방법은 현 금을 쥐고 있는 것이다. 현금을 보유한 사람은 분기가 끝날 때마다 늘 같은 액수의 돈을 가지고 있으니, 마이너스 금리의 제물이 될 필요가 없다. 현금을 배제하고 모든 사람을 전면적인 디지털 시스템으로 몰아넣는 것은 마이너스 금리를 향한 첫걸음이다. 래리 서머스와 케네스 로고프 같은 저명한 경제학자들이 이런 방향을 주창한다.

현금과의 전쟁은 마약 밀매업자와 테러리스트를 추적한다는 빌미로 출발했다. 정부당국은 늘 이렇게 말하고 싶어 한다. "우리는 선량한 시민을 상대하는 것이 아니다. 못된 마약 밀매업자와 테러리스트, 탈세자 등을 잡으려는 것뿐이다. 이 때문에 현금 보유를 허용하지 않는 것이다." 문제는 법을 준수하는 선량한 시민도 현금을 선호한다는 견해를 밝히는 순간 마약 밀매업자와 탈세자, 테러리스트 취급을 당한다는 점이다.

현금과의 전쟁은 단순히 마이너스 금리의 신호탄에 그치지 않는다. 현금을 배제하면 채권자손실부담, 몰수, 계좌동결이 훨씬 쉬워진다. 예금주의 돈을 묶어버리면 모든 사람을 미국 정부의 지시를 받는 소수의 초대형 은행(시티, 웰스파고, 체이스, 뱅크오브아메리카, 그 밖의 몇몇 은행)으로 몰아가는 데 도움이 된다. 판이 깔리는 셈이다.

현금과의 전쟁은 20세기 초반, 그러니까 1900년부터 1914년 사이에 금이 겪은 일을 떠올리게 한다. 이를테면 1901년쯤에 미국에서 뭔가 물건을 산 사람은 주머니에서 20달러짜리 금화나 은화를 꺼냈을 것이다. 내가 어렸을 때만 해도 10센트와 25센트 짜리가 은화였다. 정부가 구리, 아연, 그 밖의 합금을 섞어 은화의 가치를 떨어뜨린 것은 1960년대 들어와서의 일이다.

정부는 어떤 방법으로 사람들이 금화를 포기하도록 만들었을까? 은행이 서서히 금화를 유통망에서 빼내(현금이 유통망에서 사라지는 요즘과 비슷하다) 녹인 다음, 400온스짜리 금괴를 만든다. 주머니에 400온스짜리 금괴를 넣고 돌아다닐 사람은 아무도 없다. 그래 놓고는 사람들에게 이렇게 말하는 것이다. "좋아요, 당신도 금을 보유할 수는 있어요. 하지만 이제 금화는 안 나옵니다. 굳이 가지려면 이런 금괴를 사세요. 그런데 이 금괴는 아주 비쌉니다." 딱 하나의 금괴만 가지려 해도 아주 많은 돈이 필요하다는 뜻이고, 그나마 가지고 다닐 수도 없다. 은행 금고에 맡겨두는 수밖에 없다.

이런 과정은 아주 점진적으로 이루어졌고, 사람들은 종이 화폐가 훨씬 간편하다는 이유로 지폐가 금화를 대신하는 현상을 주목하지 않았다. (요즘 사람들이 디지털 화폐가 더 편하다고 생각하는 것과 마찬가지다.) 은행은 400온스짜리 금괴를 만들고 금화를 없앴다. 금이 불법화된 1933년 무렵에는 이미 시중에 돌아다니는 금이 그리 많지 않았다. 행정명령으로 은행 금고에 보관된 금괴를 몰수하는 쪽이 상대적으로 훨씬 수월하다.

요즘도 비슷한 과정이 진행된다. 사람들은 훨씬 간편하다는 이유로 지폐 대신 그 대용품을 받아들인다. 그러다가 지폐가 완전히 사라지고 나면, 정부는 디지털 형태의 부를 몰수하기 시작할 것이다. 이 시점이 되면 현금에 기대고 싶어도 그럴 수가 없다. 사람들은 너무 늦은 다음에야 진실을 알아차릴 것이다.

금화에서 금 태환 지폐로, 태환 지폐에서 불환 지폐로, 나아가 디지털 화폐로 바뀌는 데 약 100년이 걸렸다. 각각의 단계를 한 번씩 거칠 때마다 정부가 우리의 부를 몰수하기는 점점 쉬워졌다.

이제 우리는 한 바퀴를 돌아 제자리로 돌아왔다. 앞에서 20세기 전반부에 벌어진 금과의 전쟁을 언급했는데, 21세기에 접어든 지금 우리는 현금과의 전쟁을 목격하는 중이다. 현금과의 전쟁에 대처하는 해결책이 '금으로의 회귀'라는 사실은 역설적이다. 금은 이제 합법적인 지위를 되찾았다. 1933년부터 1975년까지 미국에서는 금 소유가 불법이었다(여러 나라에서는 아직도 불법이다). 하지만 지금은 금이 돈을 소유하는 합법적인 형태가 되었다. 마음만 먹으면 커다란 400온스짜리 금괴를 살 수 있다. 그게 마음에 들지 않으면 훨씬 간편한 1킬로그램짜리 금괴나 금화를 사도 된다. 미국 조폐국은 1온스짜리 '미국 황금 독수리'와 '미국 들소' 금화를 판매한다. 둘 다 순금 1온스로 만들었지만, '독수리'는 내구성을 높이기 위해 합금을 첨가했다.

금과 함께 현금을 보유하는 것도 현명한 처사다. 하지만 이제는 그것도 쉽지 않다. 거래하는 은행에 가서 현금 5,000달러를 인출하겠다고 해보라. 불법은 아니지만, 신분증을 보여주어야 하고, 몇 가지 양식에 서명해야 하며, 질문에 답해야 하고, 아마도 SAR 서식, 즉 '의심 활동 보고서Suspicious Activity Report'가 정부에 제출될 것이다. 1만 달러 이상을 인출할 때는 CTR 서식, 즉 '현금 거래 보고서Currency Transaction Report'를 요구한다. SAR과 CTR은 자동으로 보고되는 네트워크가 갖춰져 있으며, 버지니아 북쪽, 그러니까 미국의 정보기관에서 멀지 않은 곳에 위치한 미국 금융범죄 단속 네트워크U.S. Financial Crimes Enforcement Network, FinCEN에 붉은 깃발이 올라간다. 현금을 인출하겠다고 하면 멀쩡한 사람도 마약 밀매업자로 취급받는 세상이 된 것이다.

어쩌면 이제 거액의 현금을 확보하기에는 너무 늦었는지도 모른다. 현금과의 전쟁은 정부의 승리로 거의 막을 내렸다. 하지만 금을 확보하기에는 아직 늦지 않았다. 금은 여전히 부를 물리적으로 저장하며, 디지털로 된 다른 형태의 돈의 영향을 받지 않는다.

되돌림

2011년부터 2016년까지 가격이 크게 떨어졌음에도 금의 탄력성을 신뢰할 수 있는 또 하나의 이유는 되돌림retracement이라고 불리는 고전적인 상품 거래 패턴이 여전히 유효하기 때문이다.

나는 2015년 겨울 도미니카공화국에서 저명한 투자자이자 원자재 트레이더이며 당시의 동업자였던 조지 소로스와 함께 퀀텀펀드를 설립한 짐 로저스와 며칠을 같이 보냈다.

아마 짐처럼 다양한 시장에서 상승 주기와 하락 주기를 모두 경험해본 투자자도 많지 않을 것이다. 우리가 만났을 당시 금은 온스당 1,200달러였는데, 나중에는 온스당 1,050달러 선으로 떨어졌다. 짐은 이미 가지고 있는 금을 내다 팔지는 않겠지만, 1,200달러 선에서는 더 사들일 생각이 없다고 했다. 그러면서 자신은 '50퍼센트 되돌림'을 기다리고 있다고 했다. 그것이 추가 매입을 고려할 신호탄이라는 얘기였다. 그가 이런 기술적 접근을 시도한다고 해서 금값이 궁극적으로는 온스당 1만 달러 이상까지 급등할 것이라는 근본적인 시각이 바뀌는 것은 아니다. 되돌림은 금을 바라보는 근본적인 시각을 의미하기보다 단기적인 기회이자 새로운 투자의 진입시점과 관련된 개념이다.

이를테면 금이 1990년대 후반에 그랬던 것처럼 온스당 200달러에서 진지를 구축했다가 2011년 8월에 그랬던 것처럼 온스당 1,900달러로 오른다고 할 때, 50퍼센트의 되돌림이 발생한다는 말은 200달러와 1,900달러의 중간값인 온스당 1,050달러까지 내려온다는 뜻이다. 짐은 어떤 상품의 가격이 50퍼센트의 되돌림을 거치지 않고 저점에서 고점으로 수직 상승하는 경우는 본적이 없다고 했다. 말하자면 1,050달러 선에서 포트폴리오의 금 비중을 늘리기 시작한다는 것이 로저스의 결론인 셈이다.

이런 가격의 움직임 혹은 변동성이 이례적인 것은 아니지만, 경제의 토대와 통화의 계산법이 동일하니 장기 예측 역시 변하지 않았다. 종이 화폐에 대한 신뢰가 사라진 세상에서 금의 최종 가격은 온스당 최소 1만 달러, 혹은 그 이상이다. 디플레이션을 초래하지 않고 패닉 상태에서 신뢰를 회복하려면 더 높은 가격이 필요하기 때문이다. 가까운 미래에 패닉이 발생하지는 않을 거라고, 혹은 종이 화폐에 대한 신뢰가 앞으로도 지속할 거라고 믿는 사람이라면 금을 선호하지 않을지도 모른다. 그러나 역사는 패닉과 신뢰의 상실이 코앞에 다가와 있음을 보여준다. 이런 상황이라면 금이 가장 안전한 가치의 저장소다.

투자자가 되돌림에 주목하는 것은 놀라운 일이 아니지만, 금은 여전히 장기적인 관점에서 놀라운 실적을 기록하고 있다. 금의 달러 가격은 이 글을 쓰는 현재 1999년과 비교해 450퍼센트, 1971년 이후 3,000퍼센트 이상 올랐으니 말이다.

금값의 가파른 상승세를 눈앞에 둔 지금, 소액투자자들은 금 현물을 확보하기가 점점 더 어려워질 거라는 과제를 해결해야 한다. 중앙은행과 국부펀드, 대형 헤지펀드는 금 현물을 확보할 수 있을 것이다. 하지만 머지않아 조폐국이 운송을 중단하고, 아직 처리되지 못한 소규모 중개인의 주문이 쌓이고, 가격과 상관없이 원하는 수량의 금을 확보할 수 없는 때가 온다. 금값이 걷잡을 수 없이 치솟기 시작할 때 손가락만 빨고 있지 않으려면 지금 같은 때 금을 확보해두어야 한다.

결론

21세기의 투자자인 나는 전 재산을 디지털 형태로 묶어두고 싶지 않다. 그 가운데 일부는 금처럼 손으로 만질 수 있는 형태로 보유하기를 원한다. 누구도 금을 해킹하지 못하며, 삭제하거나 지워버리지 못하고, 컴퓨터 바이러스를 심지도 못한다. 금은 현물이기 때문이다.

화폐전쟁, 사이버 금융전쟁, 현금과의 전쟁이 기승을 부리는 오늘날과 같은 국제통화시스템의 격랑 속에서도 머지않은 미래에 금의 달러 가격이 지금보다 훨씬 더 올라갈 거라는 나의 예측은 변함이 없다. 이런 분석을 뒷받침하는 경제적 상황과 조건 역시 변하지 않았다. 격변의 시대에도 금의 탄력성은 여전하다는 사실은 오랜 세월을 두고 수없이 입증되었다.

6장

어떻게 금을 확보할 것인가

금 시장

금 시장은 주식이나 채권, 상품 등 다른 시장과 비교하면 조금 다른 데가 있다. 한편으로는 금 시장이 유동적이라는 점에 주목해야 한다. 투자자는 자신의 유동자산 중에서 금에 할당된 양을 쉽게 셀 수 있다. 유동성이 크다는 말은 시장에 미치는 영향을 최소화한 채 비교적 쉽게 금을 사고팔 수 있다는 뜻이다. 나의 거래 때문에 시장이 혼란에 빠지지 않고, 나와 거래할 매입자나 매도자를 찾기가 그리 어렵지도 않다.

다른 한편으로, 금 시장은 얇은 시장thin market이다. 얇게 거래된다는 말은 금의 거래량이 금의 총량에 비해 아주 작다는 뜻이다. 이것이 이례적인 이유는 대개 얇은 시장은 유동적이지 않은 경우가 많기 때문이다. 금은 시장에서 거래되는 양 자체는 많지 않다. 하지만 거래하고자 하는 주체의 측면에서는 유동성이 크다. 이는 상당히 이례적인 조합이다.

지금까지 금을 팔고 싶은데 사겠다는 사람이 없는 경우, 혹은 금을 사고 싶은데 팔겠다는 사람이 없어 못 사는 경우는 한 번도 본 적이 없다. 하지만 실제로 거래되는 금 현물은 세상에 존재하는 금의 총량에 비해 그리 많지 않다. 금의 거래량이 많지 않은 이유는 한 국가의 중앙은행이든 인도의 새색시든 금을 보유한 사람은 대부분 주식이나 통화에 투자하는 사람처럼 단기 매매에 치중하기보다 장기적으로 가지고 있으려 한다는 점에서 찾아야 한다.

이 말은 곧 요즘과 같은 유동성이 패닉바잉이 시작되는 순간 하루아침에 사라질 수 있다는 뜻이다. 갑자기 수백만 명이 금을 사겠다고 아우성인데, 장기 보유자들은 가격이 치솟아도 팔 생각이 없다. 정상적인 경우라면 가격이 오를수록 팔겠다는 사람이 나서서 균형이 맞춰진다. 이것이 우리 모두가 경제학 시간에 배운 기본적인 수요와 공급의 원칙이다. 하지만 '가격 상승'이 화폐에 대한 신뢰의 붕괴를 대변한다면, 아무리 많은 지폐 다발을 내밀어도 금을 움켜쥔 사람의 손은 꿈쩍도 하지 않는다. 오히려 그들은 가격이 올라갈수록 팔 마음이 점점 없어진다. 총체적

붕괴의 대반전이 눈에 보이기 때문이다. 이런 상황이라면 정부가 대량의 금을 풀거나 새로운 고정가격을 매기지 않는 이상 패닉바잉이 사라지지 않을 것이다.

현실 세계에서 무엇이 이런 패닉바잉을 초래할까?

우선 중국의 신용 위기와 대규모 예금인출 사태를 떠올려보자. 우리는 이미 2015년 중반에 시작된 중국 주식시장 폭락 때 이런 징후를 보았다. 중국은 여전히 대부분의 자본금 계좌를 닫음으로써 중국인 소액투자자들이 해외에 투자하는 것을 막는다. 평범한 중국 투자자들은 이미 주식과 부동산으로 돈을 잃었고, 중국의 은행은 높은 이자를 주지 않는다. 이런 상황에 중국인 투자자는 어떻게 해야 할까? 금을 사면 된다.

최근에 나는 홍콩에서 금 중개업자이자 세계 최대 은행의 원자재 거래 책임자를 만났다. 그는 중국발 수요충격이 곧장 패닉바잉으로 이어질 수 있다는 견해를 밝혔다.

금 중개업체가 주요 고객에게 계약에 명시된 금을 인도하지 못하는 시나리오도 가능하다. 이런 소문이 새어나가면(늘 새어나간다) 서류상 금 거래 관계에 대한 신뢰가 사라져 서류상 금을 현물 금으로 바꾸려는 광풍이 선물 창고와 은행 금고를 덮친다. 이렇게 되면 유통되는 금 현물이 충분하지 않으니 다른 인도 계약도 차질을 빚는다. 관리업체와 거래소는 계약서에 명시된 불가항력 조항에 기대어 현물 인도 책임을 취소하고 현금으로 합의하려 하겠지만, 이렇게 되면 투자자들이 금 현물을 손에 쥘 수 없다는 사실을 깨닫고 다른 거래처로 눈을 돌릴 테니 패닉은 더욱 악화될 뿐이다. 이는 순식간에 통제권을 벗어나 더 큰 규모의 패닉바잉으로 이어질 것이 분명하다.

나는 단기적이고 기술적인 관점에서 한동안 꾸준히 오르던 금 가격이 어느 순간 폭등세를 보이다가 우리가 패닉바잉이라고 부르는 현상으로 이어질 것으로 전망한다. 문제는 많은 사람이 질주하는 이 마차에 오르고 싶어 할 테지만, 그 시점에는 실제로 금을 손에 넣기가 거의 불가능해진다는 점이다. 금 현물의 공급량이 너무 적어서 평소보다 훨씬 높은 가격으로도 못 사는 시점이 올지도 모른다. 그래서 투자자들은 이런 질문을 던진다. "시중에서 금이 사라지기 얼마나 전에 금을 사야 합니까?"

질문 속에 답이 있다. 시간이 얼마나 남았는지를 묻는 사람에게는 '당신은 무엇을 기다립니까?'라고 되물어야 한다. 지금 당장 금 현물을 사두면 마음이 편해진다. 패닉바잉이 시작될 때까지 기다릴 생각은 포기하는 게 좋다. 그런 현상이 눈에 보일 정도가 되면 이미 때는 늦었고, 소액투자자들은 금 현물을 구경하기조차 힘들 것이다. 이것은 가격의 문제가 아니다. 어디서도 금을 찾아볼 수가 없기 때문이다. 당장 금을 사서 안전한 곳에 보관하는 것이 현명하다. 그래야 패닉바잉이 시작되어도 고민할 필요가 없다.

어떻게 금을 확보할 것인가

창고

금 현물을 어떻게 보관할 것인가의 문제는 보유한 금의 양에 따라 크게 좌우된다. 이를테면 1온스짜리 금화 5개냐, 1킬로그램짜리 금괴 1억 달러어치냐에 따라 보관 방법이 달라진다는 말이다. 그 정도로 많은 금을 가지고 있다면, 집에 금고를 만들고 겹겹이 보안장비를 설치할 비용을 감수하지 않는 한 전문 보관업체를 찾는 쪽이 낫다.

군이 조언하자면, 은행 금고를 이용하기보다는 금을 전문적으로 다루는 사설 보관업체를 알아보라고 권하고 싶다. 은행은 규정이 복잡할 뿐 아니라 혹시 모를 정부의 몰수조치를 피하기 어렵다. 나는 금융 패닉 상황이 오면 자산동결이나 몰수조치가 강행될 거라고 생각하기 때문에, 이왕이면 은행이 아닌 곳에 보관하는 쪽이 유리하다.

평판 좋은 업체가 여럿 있다. 다른 고객의 추천도 받고, 금고 운영자의 보험증서도 확인해야 한다. 보험 한도는 충분한지, 보험업체가 믿을 만한 회사인지, 이 사업을 시작한 지는 얼마나 되었는지 등도 따져봐야 한다.

믿을 만한 보관업체라면, 고객이 사전에 시설을 방문해 보안 설비와 절차 등을 점검할 기회를 제공한다. 예를 들어 창고 내부의 하역장은 외부의 출입문과 직각을 이루어야 한다. 설령 침입자가 차량으로 밀고 들어와 출입문을 부순다 해도 곧바로 금고가 노출되지는 않아야 하기 때문이다.

사설 보관업체를 선택하는 쪽이 유리하다는 조언은 거의 모든 유형의 사업상의 결정에도 비슷하게 적용된다. 평판이 좋은 사람, 오랜 기간에 걸쳐 좋은 실적을 거둔 사람, 좋은 추천서를 받을 수 있는 사람을 찾아야 한다. 사업을 시작한 지 얼마 되지 않아 언제 사라질지 모르는 업체는 피하는 게 좋다. 물론 그렇지 않을 수도 있지만, 경력이 짧은 업체는 어떻게 될지 아무도 모른다. 따라서 이미 탄탄하게 자리를 잡은 보관업체를 선택하는 게 안전하다. 미국에서는 브링크스Brink's, 루미스Loomis, 던바Dunbar 같은 업체가 유명하다. 규모는 작지만 좋은 평판과 설비를 갖춘 업체도 많다. 넵튠글로벌Neptune Global, 월드와이드 귀금속Worldwide Precious Metals, 앵글로파이스트Anglo Far-East 같은 업체들은 구매와 보관에 대해서는 고객에게 다양한 선택권을 주지만, 세부적인 사항들은 직접 처리해준다(넵튠글로벌은 금보다 변동성이 작은 귀금속을 원하는 고객을 위해 금, 은, 백금, 팔라듐이 특정한 비율로 섞인 혼성 투자를 추천하기도 한다).

금을 직접 보관하지 않고 현물을 보유하는 또 하나의 방법은 보안 물류와 함께 현금이나 현물 요청을 즉시 처리해주는 금 펀드에 투자하는 방법이다. 이는 엄밀히 말해서 금 자체가 아니라

펀드의 일정한 단위를 소유한다고 해야 한다. 하지만 이런 펀드는 ETF나 선물, LBMA의 비할당계약 등과는 다르다. 내가 추천하는 펀드는 오로지 금만, 그것도 완전히 할당된 금만 보유하며, 해당 단위의 인도를 요청하면 바로 그다음 날로 현물을 가져다준다. 이런 업체로는 피지컬골드펀드^{Physical Gold Fund} 와 스프랏^{Sprott}을 추천할 만하다.

관할지역과 관련해서도 생각해볼 부분이 있다. 투자자 중에는 스위스와 싱가포르, 두바이, 그 밖의 몇몇 관할지역을 선호하는 이들이 많다. 미국은 금을 몰수할 가능성이 가장 큰 나라로 간주되어 기피 대상이다(실제로도 그런 전력이 있다).

문제는 우리가 가장 절실하게 금을 원하는 시기가 급격한 사회적 변화기와 맞물린다는 점이다. 이를테면 폭동이 일어나거나 전력망이 마비되는 경우는 얼마든지 발생할 수 있다. 미국에 사는 사람이 금을 인수하려고 스위스까지 날아갈 수 있을까? 돈 많은 내 친구들은 전용기를 타고 가면 된다고 주장하지만, 전력망이 마비되고 주유기가 작동하지 않으면 전용기에 연료를 넣을 수 없다는 점을 고려하지 않는다. 단기적으로는 스위스가 안전할 수 있겠지만, 시민사회와 함께 운송망이 무너지는 상황에서는 가장 현실적인 대안이 될 수 없다.

재난대책을 세우기란 간단한 일이 아니다. 그저 한두 가지 좋지 않은 결과만 바라봐서는 곤란하다. 내가 어디에 서 있는지를 파악하려면 그 모든 것을 두루 살펴야 한다.

많은 양의 금을 보유한 사람이라면 일부는 스위스의 비은행권 금고에 예탁하고(미국의 몰수를 피하기 위해) 나머지는 집에서 가까운 곳에 맡겨두는 것이 바람직하다(갑자기 스위스까지 날아갈 수 없는 상황에 대비하기 위해). 양이 그렇게까지 많지 않다면 집 근처의 비은행권 보관업체를 찾는 게 제일 나은 선택이다.

텍사스주는 은행시스템 바깥에다 주립 금 보관소를 만드는 중이다. 이는 주 정부의 자치권과 수정헌법 제10조를 근거로 연방 정부의 금 몰수조치에 저항하기 위한 노력의 일환이다. 우리는 텍사스주의 이런 노력을 한 번쯤 꼼꼼히 들여다볼 필요가 있다. 미국 땅 어디서든 하루 이틀만 운전하면 텍사스에 도착할 수 있다. 최악의 사태가 생긴다 해도 고속도로가 봉쇄되기 전에 차를 몰고 텍사스로 내려가서 자신의 금을 인출한 다음, 집으로 돌아오면 된다. 고속도로의 정체가 심하면 오토바이를 이용하는 방법도 있다.

운송망이 마비되는 경우만 아니라면, 나는 금을 보관하기에 가장 좋은 관할권은 스위스라고 생각한다. 미국 시민권자라면 스위스 은행계좌 개설은 꿈도 꾸지 않는 것이 좋다. 불법적인 구석이 전혀 없고 모든 신고 의무를 충실히 따른다 해도, 스위스 은행계좌를 개설했다는 자체만으로도 정부의 주도면밀한 감시와 의심의 대상이 되기 때문이다. 스위스의 은행 역시 요즘은 같은 이유로 미국인과 얽히고 싶어 하지 않는다. 하지만 비은행권의 현물 보관업체에 개설한 계좌는 은행계좌가 아니고 거기서 소득이 발생하지도 않으니 소득세는 고려하지 않아도 된다. 미국 시민권자도 이런 보관업체의 계좌는 충분히 이용할 수 있다.

하지만 미국 시민권자라면 집에서 좀 더 가까운 보관소를 원할지도 모르겠다. 여기에 대해서는 보유한 금의 양에 따라 이야기가 달라진다. 1온스짜리 금화 20개(대략 2만 5,000달러에 해당)를 가진 사람이라면 굳이 스위스의 금고까지 갈 필요가 없다. 반대로 400온스짜리나 1킬로그램짜리 금괴를 대량으로 가진 사람이라면 확실히 스위스를 고려하는 게 좋다. 스위스는 법치가 잘 이루어지고, 정치가 안정되어 있으며, 중립국이고, 기반 시설이 잘 갖춰져 있고, 잘 훈련된 군대가 있으며, 500년 넘게 외세의 침략에 무릎을 꿇은 적이 없는 나라다.

싱가포르 역시 법치가 확립된 관할권이고 정치적으로 안정된 국가라는 점에서 스위스의 장점을 공유하지만, 문제는 이웃이 신통치 않다는 점이다. 정국이 불안한 태국과 말레이시아에서 가깝고, 공산주의 국가인 중국과도 그리 멀지 않다. 호주도 훌륭한 대안이긴 한데, 너무 멀어서 탈이다(물론 호주에 사는 사람에게는 문제 될 것이 없다).

2013년, 나는 피지컬골드펀드가 금을 보관하는 스위스 취리히 부근의 금고를 방문했다. 펀드의 대표, 펀드의 감사기관인

언스트앤영 Ernst & Young의 임원 두 명이 나와 동행했다. 투자자들을 대신해 펀드의 금 보관 상태를 점검하고 감사하기 위한 방문이었다.

금고 운영업체는 우리가 자세히 살펴볼 수 있도록 지게차로 팔레트에 실린 금을 운반해 나왔다. 직원이 금을 담은 나무 상자의 봉인을 뜯고 뚜껑을 열어주었다. 그 속에 일련번호와 날짜, 제련업체의 스탬프, 성분 분석기관의 스탬프, 무게와 순도를 나타내는 숫자가 적힌 금괴가 가지런히 들어 있었다. 감사들은 미리 출력해온 장부와 현물을 대조한 결과, 아무런 이상이 없음을 확인했다. 나는 흐뭇한 마음으로 이런 과정을 지켜보았다. 보유한 금에 대한 투명성 측면에서는 미국 정부가 이런 사설 펀드보다도 못하다는 사실이 씁쓸할 뿐이다.

이런 보관업체의 금고는 첩보 소설에나 나올 법한 보안장치가 겹겹이 둘러싸고 있다. 예를 들어 금을 실은 장갑 트럭이 도착하면 바깥의 차고 문이 열린다. 튼튼한 장갑 트럭으로 이 문을 들이받으면 곧장 금고 안까지 침입할 수 있지 않을까 생각하는 사람이 있을지도 모르겠다. 하지만 이 문 안쪽에는 또 하나의 문이 있다. 일단 트럭이 첫 번째 문 안쪽으로 들어서면, 그 문이 닫히고 맞은편의 두 번째 문이 열린다. 하역장 앞에는 시멘트와 강철로 된 장애물이 버티고 있어 설령 트럭으로 밀어붙인다 해도 별 효과가 없다. 트럭에서 금을 하역하는 곳은 90도 각도로 꺾여 있으므로 차량으로 밀어봐야 막다른 벽이 나올 뿐이다.

여기까지가 금고 안으로 들어서는 첫 단계에 지나지 않는다. 특수 개폐장치가 달린 한쪽에 금을 내려놓으면 철제문이 닫히고, 반대편에서 누군가가 금을 가져간다. 케블라, 방탄유리, 무장 경비원을 비롯한 각종 보안장치가 겹겹이 둘러싸고 있는 것은 기본이고, 보안카메라와 동작감지기, 칼날 달린 철조망이 시설 전체를 에워싸고 있다. 이보다 더 안전한 곳을 상상하기가 힘들 정도다.

우리가 이 업체 관계자를 만나 나눈 대화는 시사하는 바가 크다. 그들은 은행 금고에 보관되어 있던 금이 꾸준히 사설 보관업체로 흘러든다고 했다. 이론상으로 은행 금고는 어떤 업체의 금고보다 안전하겠지만, 핵심은 그게 아니다. 핵심은 어떤 나라의 은행이든 정부의 규제를 받을 수밖에 없고, 유사시에 정부가 제일 쉽게 몰수할 수 있는 것이 바로 은행에 보관된 금이라는 점이다.

은행이 파산할 경우, 금을 예탁한 사람은 자신의 재산을 되찾기 위해 고단한 법적 절차를 밟게 될 공산이 크다. 키프로스에서 그랬던 금처럼 우리의 금이 채권자손실로 처리될 수도 있고, 혹은 무담보자산으로 간주되어 은행의 자본금으로 귀속될 수도 있다. 심지어는 금 대신 아무짝에도 쓸모없는 은행 주식을 받게 될지도 모른다. 사설 보관업체라면 적어도 이런 문제는 걱정할 필요가 없다. 사설 보관업체가 금고 시설을 늘리기 위해 총력을 기울이는 것도 무리가 아니다.

우리가 스위스에서 제일 큰 규모를 자랑하는 제련업체를 방문했을 때 들은 이야기도 비슷하다. 우리는 이 업체가 어떻게 운영되는지 직접 목격할 수 있었고, 임원들을 만나 장시간에 걸쳐 아주 유익한 대화를 나누었다. 요즘은 제련 과정이 거의 자동화되었고, 모든 장비가 하루 24시간 최대 속력으로 돌아간다고 했다. 그런데도 수요를 다 감당하지 못한다는 이야기였다.

제련업체가 막대한 양의 순금을 생산해낸다니, 제련할 금은 어디서 나올까 하는 의문이 인다. 크게 세 가지 출처가 있다. 하나는 도레doré라고 부르는, 아직 완전히 제련되지 않은 상태의 금이다. 광산에서 나오는 순도 80퍼센트가량의 금이 여기에 해당한다. 또 하나는 스크랩scrap이라고 하는데, 목걸이와 팔찌, 시계 같은 장신구를 비롯한 온갖 형태의 금붙이에서 추출한 금이다. 마지막으로, 더 작은 금괴로 변환되는 금괴들이 있다. 런던 금시장연합회에서 나오는 400온스짜리 표준형 금괴를 중국이 요구하는 1킬로그램짜리 금괴로 바꾸는 과정이다.

제련업체의 가장 큰 업무 가운데 하나가 바로 400온스짜리 금괴를 녹여 1킬로그램짜리 금괴를 만드는 작업이다. 이 과정에서 순도를 이를테면 99.50퍼센트에서 99.99퍼센트까지 끌어올리기도 한다. 업계에서는 이 순도를 9가 4개라고 해서 '포 나인^{four nines}'이라고 부른다. 중국이 요구하는 표준 금괴가 이것이 기도 하다.

실제로 중국은 런던금시장연합회에 등을 돌리고 세계 시장에서 '표준'의 정의를 바꿔버렸다. 상하이 금 거래소, 상하이 선물 거래소, 자국의 제련업체, 각종 규격서 등이 모두 새로운 규격을 사용한다. 상하이는 런던을 제치고 세계 금 시장의 중심으로 떠오르는 중이다.

금광 주식

우리는 지금까지 금 현물, 그리고 ETF와 선물계약 같은 갖가지 서류상 파생상품을 주로 살펴보았다. 하지만 금은 금광 주식이라는 형태로 주식시장에서도 찾아볼 수 있다.

나는 금과 관련해 많은 연구와 저술, 강연 활동을 해왔지만, 거의 언제나 금이라는 금속 현물, 파생상품, 그리고 통화자산으로 금을 활용하는 법 등에 주안점을 두었다. 나는 스스로 금광 주식의 전문가를 자처하고 싶지 않으며, 주식 감별사도 아니다. 엄밀히 말해서 전통적 의미의 자산분석가가 아니라 글로벌 거시경제분석가다. 하지만 요즘의 자본시장은 서로 촘촘히 연결되어 있어 그 어느 때보다 거시경제가 미시경제에 미치는 영향이 크다. 내가 금광 주식과 관련한 관점을 소개하는 이유도 이것이다.

금광 주식의 주가는 대체로 금 가격을 따라 움직이지만, 변동성이 더 크다. 전통적으로 금광 주식은 현물에 대한 레버리지 베팅으로 간주되어왔다. 여기에 대해서는 고정비용과 변동비용의 차이와 관련한 몇 가지 기술적인 이유가 있지만, 기본적으로 금값이 오르면 금광 주식은 더 많이 올라간다. 금값이 떨어지면 금광 주식은 '매도 의견'의 대상이 되어 금 자체보다 더 빠른 속도로 떨어진다. 이런 맥락에서 금광 주식은 금값이 스테로이드를 맞은 것처럼 움직이는 격이다.

금은 그 자체로 변동성이 크다. 투자자 가운데 금광 분야에까지 손을 뻗쳐 금에 과외의 레버리지를 덧붙이고 싶은 이는 별로 많지 않을 것이다. 금 포지션에 레버리지를 원하는 사람은 COMEX 금 선물을 이용하거나 차입금으로 ETF를 사면 얼마든지 레버리지를 확보할 수 있다. 금광 주식을 사는 의미를 이런 식으로 해석할 수도 있다.

물론 금광 주식이 자산 등급으로 분류되지 않는 이유는 그 특수한 속성 때문이다. 바꿔 말해 광물은 선물이나 지수처럼 일반적이지 않다는 뜻이다. 광산업체는 광물의 품질, 경영 능률, 재무구조, 그 밖의 이런저런 요인에 따라 각기 독특한 특성을 가진다.

금광업체에 투자할 때는 투자자 가운데 광산업체의 특수성을 고려하는 이가 그리 많지 않다는 점이 문제로 작용한다. 일반적인 다른 기업과 똑같이 취급한다. 마치 아무 차이가 없다는 듯이

"아 참, 나 금광업체에 투자했어" 하고 말하지만, 사실은 그렇지 않다.

금광업체 중에는 아주 알차게 운영되어 탄탄한 자금력을 갖춘 업체들이 있다. 역사가 깊고, 앞으로도 한동안 흔들리지 않을 거라는 믿음을 준다. 다른 한편으로는 투기성이 농후한 업체들, 아예 사기꾼이나 다름없는 업체들도 있다.

투자자의 입장에서 알찬 업체와 사기꾼 같은 업체를 어떻게 구별해야 할까? 불가능한 일은 아니지만, 그러기 위해서는 큰 노력을 기울여야 한다. 경영진을 만나보고, 광산을 직접 찾아가보고, 재무 서류를 검토하고(주석까지 꼼꼼히 살펴야 한다), 투자자 모임에도 참석하고, 경영진의 목소리에도 귀를 기울여야 한다. 한마디로 자산분석가가 되어야 하는데, 나도 그런 훈련을 받기는 했지만 전문 분야가 아니어서 그런 분석은 잘 하지 않는 편이다.

토크빌골드펀드의 존 해서웨이와 그의 동료들, 케이시 리서치의 덕 케이시와 그 직원들은 금광업체를 속속들이 연구하는 전문가로 명성이 자자하다.

나는 금 현물 그 자체를 선호한다. 금광 분야에 투자하고 싶은 사람이라면 대형 업체와 중간 규모의 업체 중에서 신중하게 선택하는 것이 좋다. 영세 업체나 신생 업체는 상태가 좋지 못한 경우가 많기 때문이다. 우리는 이 업계의 주가가 폭락하는 경우를 많이 보았다. 최고점 대비 95퍼센트가 폭락한 주식도 많다. 주가가 폭락할 때야말로 사들일 기회가 아닐까 생각하는 이들도 있다. 실제로는 그보다 더 좋은 기회가 있다. 파산한 다음에 사면 된다. 마스터 합자 회사^{MLP}나 롤업 합병, 혹은 싼 매물을 찾는 조금 더 큰 업체들은 파산한 업체 중에서 최고의 자산가치를 지닌 업체를 신중하게 가려낼 것이기 때문이다.

은행권과 대형 광산업체는 영세한 업체에 호의를 베풀 생각이 전혀 없다. 투자자들은 싼 주식을 사서 비싼 값에 되팔 수 있을 거라고 생각하는 경향을 보인다. 때로는 그런 전략이 먹히는 경우도 있다. 하지만 대형 광산업체와 골드만삭스 같은 노련한 공룡 투자자들은 영세한 업체들이 도산해 그들의 자산이 이른바 '땡처리'에 나오는 순간을 노린다. 무리한 차입으로 파산을 앞둔 광산업체의 파산신청 전 자산을 보유한 주주라면, 한 푼도 건지지 못할 각오를 해야 한다.

금은 주식시장과 상관관계가 없다

투자자 중에는 주식과 금이 서로 충돌하는 관계라고 생각하는 이들이 많다. 경기가 좋을 때, 즉 경제성장률이 높고 실업률은 낮으며 가격은 안정적일 때는 금보다 주식에 투자하는 쪽이 낫다고 생각한다. 하지만 인플레이션이 심해지고 경제의 불확실성이 커지는 등 앞날이 불투명한 상황에서는 주식을 버리고 금 같은 안전자산에서 피난처를 찾는다.

어떤 투자자는 마지막 순간에 주식을 팔고 금을 사겠다며 나더러 주식시장이 붕괴하기 하루 전에 연락을 달라고 한다.

물론 그렇게는 되지 않는다. 그날이 언제인지 내가 어떻게 알겠는가. 하지만 나는 다가오는 위기의 강도, 그리고 그 결과에 대해서는 어느 정도 감을 잡고 있다. 붕괴는 그리 멀지 않으며, 몇 달 혹은 1, 2년 안에 현실로 다가올지도 모른다. 앞으로 5년이 심각한 금융위기 없이 무사히 지나갈 가능성은 거의 없다. 정확한 날짜는 아무도 모른다 해도, 대비를 시작해야 할 때는 바로 지금이다. 나라고 남들보다 먼저 정확한 날짜를 알아낼 재간은 없지만, 그저 최선을 다해 준비할 따름이다.

패닉이 시작되기 전까지는 금과 주식 사이에 뚜렷한 상관관계가 드러나지 않는다. 때로는 주식과 금이 함께 올라가기도 하고(인플레이션의 초기 단계일 공산이 크다), 때로는 금이 올라가는 반면 주식은 내려가기도 한다(아마도 패닉 상황, 혹은 인플레이션의 후기 단계일 것이다). 또 때로는 금이 내려가는 반면 주식은 올라가는 경우도 있다(실질금리가 올라가는 호황일 때가 그렇다). 마지막으로 금과 주식이 동시에 내려가기도 한다(디플레이션 때가 대표적이다). 한마디로 금과 주식은 장기적으로 뚜렷한 상관관계를 보이지 않고 다양한 변수에 따라 서로 다른 방향으로 움직인다.

예를 들어 인플레이션이 심화하면 명목성장 측면에서 경제가 더 튼튼해진다고 생각할 수도 있다. 이런 시나리오에서는 주식과 금이 동시에 올라간다. 주식투자자들은 인플레이션 덕분에 더 큰 수익을 기대하고, 금 투자자들은 인플레이션이 더욱 악화될 것이라는 전망과 함께 금에서 피난처를 찾으려 할 것이다.

반면 인플레이션이 걷잡을 수 없이 악화되고 연준이 그 추세를 따라잡지 못하면, 인플레이션은 자본형성은 물론 거의 모든 형태의 부를 파괴하기 시작한다. 이는 스태그플레이션으로 이어져 실질성장은 엄두도 내지 못하고 인플레이션만 기승을 부린다. 1975년부터 1979년 사이가 이런 시기였다. 이런 시기에 금값이 오르는 데는 근본적인 이유가 작용한다.

결과적으로 나는 주식과 금의 상관관계를 찾지 못했다. 하지만 포트폴리오를 신중하게 구성하면 그 둘이 들어갈 자리를 발견할 수 있다. 예를 들어 나는 포트폴리오 속에 주식이 포함된 특정한 헤지펀드와 대안 투자를 추천한다. 이런 펀드에는 몇몇 영역에 지향성 투자가 이루어지는 장단기 주식형 펀드와 글로벌 매크로 펀드가 포함된다.

근본적인 경질자산을 가진 주식도 나쁘지 않다. 철도, 원유, 천연가스 자산을 사들이는 워런 버핏의 전략이 좋은 예다. 워런 버핏은 고전적인 주식투자자지만 에너지와 운송, 이를 위한 설비가 들어선 토지 같은 경질자산을 가진 기업들을 사들이기도 한다. 이런 주식은 인플레이션 환경에서 좋은 실적을 낼 수밖에 없다. 여러 자산이 골고루 섞여 있고, 그 가운데 10퍼센트가량을 금이 차지하는 포트폴리오가 바람직하다.

균형 잡힌 포트폴리오 속의 금

금값에 대한 나의 중간 평가는 명목 달러 가격의 변동성과 되돌림에도 불구하고 큰 변화가 없다. 금은 궁극적으로 온스당 1만 달러 수준까지 올라갈 것이다. 각국의 중앙은행이 인플레이션을 유도하는 데 성공해도 그렇고, 혹은 실패해서 인플레이션 계산화폐 최후의 보루로 금을 내세우는 경우(FDR이 1933년에 그랬듯이)도 마찬가지다. 어느 경우든 중앙은행은 부채를 계속 안고 굴러갈 수 있을 정도의 인플레이션을 유도할 것이다. 연준 의장을 지낸 릭 미시킨은 이런 상태를 '재정정책 우위 fiscal dominance'라고 불렀다.

중앙은행이 인플레이션을 유도하기 위해, 혹은 인플레이션이 걷잡을 수 없이 악화한 이후의 신뢰 회복을 위해 금을 소환하는 인플레이션과 재정정책 우위의 시대에는 새로운 금 본위제도, 혹은 적어도 금과 연결된 화폐시스템이 필요해질 것이다.

가격 분석은 아주 간단하다. 종이 돈과 공식적인 금 현물의 비율을 계산하면 된다. 공식적인 금 보유량과 통화공급량은 이미 나와 있다(중국처럼 장부에 기록되지 않은 보유량은 예외다).

여기에는 몇 가지 가정이 필요하다. 예를 들어, 어떤 나라들이 새로운 금 본위제도 안으로 들어올까? 통화공급의 정의는 어떤 것이 적절할까(예를 들면 M0, M1, M2 등등)? 금과 연결된 새로운 시스템에 대한 신뢰가 유지되려면 금과 돈의 비율이 어느 정도나 되어야 할까(예를 들면 20퍼센트, 40퍼센트 등등)? 데이터를 수집하고 이런 가정을 대입하면 계산은 간단하다. 미국과 유로존, 중국이 모두 새로운 시스템으로 들어오고, 금이 40퍼센트를 차지하는 M1이면 돈과 금이 적절한 비율을 이룬다고 가정할 때, 디플레이션과 무관한 예시 가격은 1만 달러가 된다. 가정이 달라지면 결과치도 달라진다. 금이 100퍼센트를 차지하는 M2 통화공급 가정을 대입하면 온스당 5만 달러까지 올라간다. 아직 거기까지는 아니고 앞으로 몇 년 더 남았을지도 모르지만, 내가 보기에 방향은 그쪽이 분명하다. 순탄한 여정은 아니겠지만 말이다.

그때까지 금 투자자는 몇 가지 간단한 규칙을 따라야 한다. 금은 달러로 환산할 때 변동폭이 크니, 금 투자에는 레버리지를 사용하지 않는 게 좋다. 차입금이나 증거금을 이용하고 선물이나 옵션 시장으로 들어서면, 변동성을 더욱 증폭시키는 레버리지를 사용하는 셈이다. 금은 그 자체로 충분히 변동적이니 굳이 변동성을 추가할 필요가 없다.

둘째, 나는 일관되게 아주 보수적인 접근을 추천해왔다. 일반적인 경우에는 투자 가능한 자산의 10퍼센트, 좀 더 공격적인 투자자라면 15~20퍼센트 정도의 자산을 할당하는 것이 좋다. 나는 한 번도 전 재산을 팔아서 금을 사야 한다고 말한 적이 없고, 지금도 그런 말은 하지 않는다. 하나의 자산군에 100퍼센트를 몰아넣는 행동은 피해야 한다.

비교를 위해 덧붙이자면, 전 세계의 기관투자자들이 금에 할당하는 비중은 1.5퍼센트밖에 되지 않는다. 설령 누군가가 10퍼센트만 투자하라는 나의 보수적인 권고를 받아들이고 거기서 또 반을 뚝 잘라 5퍼센트만 투자한다 해도, 기관투자자와 비교하면 금의 비중이 3배 이상 큰 셈이다.

내가 말하는 10퍼센트는 투자 가능한 자산, 즉 포트폴리오의 유동적인 부분을 기준으로 할 때의 이야기다. 주거지와 비즈니스의 자산은 투자 가능한 자산에서 제외해야 한다. 레스토랑이나 세탁소, 피자 가게를 운영하는 사람도 있을 것이고, 자동차 중개상이나 의사, 치과의사도 있을 것이다. 어떤 직업이 됐건 생계와 연결된 자본금은 '투자 가능한 자산' 목록에서 제외해야 한다. 집과 사업을 유지하는 데 필요한 몫을 뺀 것이 투자 가능한 자산에 해당한다. 나는 그 가운데 10퍼센트를 금에 투자하라고 권하는 것이다.

포트폴리오의 10퍼센트를 금으로 가지고 있는데 금값이 20퍼센트 떨어지면, 포트폴리오의 2퍼센트를 잃을 뿐이다. 이 정도를 가지고 망했다고 하지는 않는다. 하지만 금값이 내 예상대로 500퍼센트가 오르면, 10퍼센트만 투자하고도 꽤 짭짤한 성과를 거둘 수 있다. 하나의 투자로 포트폴리오가 50퍼센트 불어난다. 내가 10퍼센트만 투자하라고 권하는 이유는 잠재적 상승과 잠재적 하락의 불균형 때문이다. 금 현물을 사고, 레버리지를 피하고, 10퍼센트를 할당하는 세 가지 간단한 원칙을 지키면 폭풍우를 피할 준비가 끝나는 셈이다.

또 하나의 중요한 조언을 남기자면, 금의 달러 가격이 하루하루 얼마나 오르고 내리는지에 따라 일희일비할 게 아니라 장기적인 안목을 유지하라고 말하고 싶다. 우리는 이미 달러 가격이 얼마나 변동성이 큰지 안다. 그보다 더 중요한 것은, 위기에 처한 자산은 금이 아니라 달러 자체라는 점이다. 달러 자체에 대한 신뢰가 증발하고 나면 오늘 하루 금의 달러 가격이 얼마나 오르고 내렸는지에 무슨 의미가 있겠는가. 그때는 달러에 신경 쓸 사람은 아무도 없고 다들 진짜 금덩이를 원할 것이다.

결론

자본시장 시스템의 위기에 관한 나의 모델은 머지않은 미래에 일어날 국제통화시스템의 붕괴를 포함한 여러 가지 무시무시한 사건을 예고한다. 하지만 희망을 잃을 필요는 없다. 반드시 우리가 희생자 명단에 올라야 하는 것도 아니다. 다가오는 붕괴를 직시하고, 사전에 필요한 조치를 취하면 부를 지킬 수 있다.

어떤 상황에서도 투자자가 취해야 할 행동이 있다. 극단적인 사태가 벌어져도 절대 힘을 잃지 않는 특정한 자산군, 그중에서도 특히 금에 주목해야 한다. 극심한 혼돈 상황에서도 부를 지키고, 나아가 번영과 수익을 보장하는 투자전략이 있다. 워런 버핏을 비롯한 몇몇 투자자는 이미 수십 년 전부터 그런 전략을 활용해왔으며, 현재 중국이 금을 사 모으는 이유도 그 때문이다.

나는 복잡계 이론이라는 렌즈를 통해 리스크를 바라보며, 역확률inverse probability에 근거한 수학적 모델을 이용해 사건을 분석한다. 복잡계 이론의 가장 중요한 척도는 규모scale다. 시스템의 규모가 어느 정도인가? 규모란 시스템의 크기에 밀도함수를 더한 값, 혹은 시스템의 크기에 대한 연결성의 강도를 의미하는 전문용어다.

임계상태에 도달한 복잡계에서 일어날 수 있는 가장 극단적인 사건은 규모의 지수함수다. 이는 시스템의 규모가 두 배로 증가할 때, 리스크가 두 배 이상으로 증가한다는 뜻이다. 리스크는 규모보다 몇 배 이상 늘어날 수 있다.

2008년 이후 은행들은 금융계의 규모를 크게 증가시켰고, 당국은 눈감아주었다. 2008년에 '대마불사'를 외치던 은행들이 지금은 더 커졌고, 그들의 파생상품 장부 역시 2008년보다 훨씬 더 두꺼워졌다. 이는 샌앤드레이어스 단층대를 더 크게 만들기 위해 공병대를 투입하는 격이다. 우리는 샌앤드레이어스 단층대가 지진에 취약하며, 엄청난 지진이 발생할 수 있다는 사실을 안다. 다음번 대지진이 언제 터질지는 알지 못해도, 단층대를 더키워서 좋을 게 없다는 점은 누구나 안다. 우리가 금융 분야에서 저지르는 일이 바로 이것이다. 은행이 더 몸집을 불리도록 내버려두고, 갖가지 파생상품을 허용하며, 소수의 손에 금융자산이 집중되는 현상을 더욱 가속함으로써 단층대를 키우는 것이다.

복잡계 모델에 규모와 밀도를 입력하면 다음번 금융 붕괴가 2008년의 위기보다 훨씬 엄청난 규모로 밀어닥칠 것이라는 계산이 나온다. 위기가 발생하는 시스템 자체가 그때보다 엄청나게 커졌기 때문이다. 규제당국은 자신이 규제하는 금융시스템에 내재한 리스크의 통계적 속성을 이해하지 못한다. 그저 리스크의 정규분포를 강조하는 결함투성이 균형모델에 의존할 뿐이다(뚜렷한 실증적 근거도 없다). 그들의 위기관리 지침은 시대의 흐름을 반영하지 못한다.

나는 투자자에게 금을 확보하라고 조언한다. 너무 많이 가질 필요도 없다. 설령 내 말이 틀렸다 해도 금의 비중이 크지 않으니 손실도 크지 않다. 만약 내 말이 맞다면, 부를 지킬 수 있다.

그렇다면 전 재산을 다 털어넣어서 안 될 이유가 있나? 포트폴리오의 100퍼센트, 하다못해 50퍼센트라도 금에 투자하면 어떨까? 하나의 자산군에 모두 투자하는 것은 절대 바람직하지 않다. 금은 변동적이니, 현금 같은 다른 자산을 남겨두어야 그 변동성을 상쇄할 수 있다. 그뿐만 아니라 금과 비슷한 방식으로 부를 보존하는 다른 자산이 없는 것도 아니다. 예술품과 토지 역시 금과 비슷한 부의 보존 속성을 가지고 있으니, 포트폴리오의 다양성을 높이는 차원에서 고려해볼 가치가 있다.

현재 전체 자산 가운데 금의 비중이 1.5퍼센트 정도인 기관이 그 비중을 5퍼센트까지 올린다고 할 때, 여전히 내가 권고하는 기준에는 부족하지만, 현재 가격의 금은 전 세계의 수요를 감당하기에 터무니없이 부족해질 것이다. 이는 현재의 시스템이 얼마나 취약한지를 보여주는 사례이며, 아주 작은 자극만으로도 금값은 천정부지로 치솟을 것이다.

금값의 급등이 반드시 세상의 종말과 맞물린다고 생각할 필요는 없다. 잠재적 금 구매자들의 행동과 인식에 아주 작은 변화만 생겨도 금값은 폭등할 것이 분명하다. 그 후에는 그로 인한 피드백이 금 매입 열풍의 동력으로 자리 잡을 것이다.

나는 내일의 금값을 예측하지 않는다. 오를 수도, 내릴 수도 있다. 나는 다음번 패닉이 어떤 양상으로 전개될지를 예측하기 위해 몇 년 앞을 내다보려고 노력한다. 침체가 시작되면 큰손들이 시중에 나온 금을 모조리 휩쓸 것이다. 기관, 중앙은행, 헤지펀드, 그리고 제련업체와 연결된 고객들이 모든 금을 차지할 것이다. 그 틈바구니에서 소액투자자들은 금을 구할 방법이 없다.

각 지역의 중개인들은 재고가 소진되어 주문이 밀리고 조폐국은 아예 더 이상의 주문을 받지 않는다면 가격은 어떻게 될까? 매일 온스당 100달러 이상, 매주 1,000달러 이상 오를 것이다. 금은 우리에게서 점점 더 멀어진다. 사고 싶어도 살 길이 없다. 전형적인 패닉바잉의 모습이다.

패닉은 오늘날 작용하는 힘의 결과다. 내가 줄 수 있는 최선의 조언은 아직 방법이 있을 때 금을 확보하라는 것이다. 그다음에는 아무 걱정 없이 가만히 있으면 된다. 유동자산의 10퍼센트를 금에 배분하고, 그 금을 안전한 곳에 넣어둔 채 가만히 앉아서 구경만 하면 된다. 썩 보기 좋은 광경이 펼쳐지지는 않을 것이다. 그래도 당신의 부가 사라지지는 않는다.

감사의 말

처음에 온라인 오디오 인터뷰 시리즈로 시작된 프로젝트가 녹취, 편집, 재집필 과정을 거쳐 지금 여러분이 보는 책으로 탄생했다. 애초의 인터뷰를 후원해준 피지컬골드펀드의 관계자인 알렉스 스탠크지크, 사이먼 힙스, 네스터 카스틸레로, 필립 저지의 도움이 아니었으면 이 책은 존재하지 않았을 것이다.

인터뷰를 하려면 상대가 필요한데, 피지컬골드펀드의 인터뷰에서는 존 워드가 나의 지적 스파링 파트너 역할을 맡아주었다. 모든 인터뷰가 똑같이 진행되지는 않는다. 경험에 비춰볼 때 질문이 좋으면 답변도 좋아지기 마련인데, 존은 굉장히 신중하고 사려 깊은 질문을 준비해주었다. 그의 노련한 질문이 없었다면 책은 고사하고 인터뷰조차 제대로 마치지 못했을 것이다.

여느 때와 마찬가지로 나의 슈퍼 에이전트 멜리사 플래시맨과 발행인 에이드리언 자크하임에게 큰 빚을 졌다. 내가 첫 책을 쓴 이후로 줄곧 나를 도와준 그들은 끊임없이 나에게 자신감과 영감을 불어넣어준다.

에이드리언이 이끄는 포트폴리오/펭귄 랜덤하우스의 편집진은 나만큼이나 이 책의 큰 지분을 차지한다. 전담 편집자인 니키 파파도포로스는 끊임없는 격려와 응원과 회유를 통해, 내가 집필보다 더 어려운 수많은 편집회의와 마감을 이겨내도록 도와주었다. 그녀가 적재적소에 던지는 빈틈없는 질문 덕분에 나는 조금이나마 더 나은 필자가 될 수 있었다. 포트폴리오 팀의 다른 팀원들인 레아 트라우보스트, 스테파니 로젠브룸, 윌 와이저, 타라 길브라이드, 켈시 오도크지크에게도 깊은 감사의 마음을 전한다.

프리랜서 편집자들은 출판사의 잡무와 무관하게 오롯이 맡은 책의 내용에만 전념하기 때문에 더욱 소중한 존재다. 그런 점에서 이 책은 최고 전문가 두 분의 은혜를 입었다. 자크 가제브스키는 녹취 원고를 초고로 다듬어주었다. 윌 리카는 최종 원고를 더 수준 높은 책으로 승화시켰다. 자크와 윌은 초기 단계에서 마무리 단계까지 서로 배턴을 주고받는 이어달리기 주자 같았다. 더 나은 책을 만들기 위해 세세한 부분까지 꼼꼼히 살펴준 두 분의 노력에 감사한다.

글을 쓸 때면 수도원 같은 환경을 고집하는 이들도 있는 모양이지만, 나는 그렇지 않다. 가족과 친구들과 함께하는 삶이 글을 쓰는 데도 더 낫다. 끊임없는 교감과 토론이 창의적 과정을 더욱 살찌워주기 때문이다. 가족의 사랑은 높은 곳에 매달린 외줄을 타는 작가에게 최후의 안전망이 되어준다. 앤, 스콧, 도미니크, 알리, 윌, 애비, 토머스, 샘, 제임스, 그리고 반려견 군단 소속 올리와 리스에게 감사한다. 모두 사랑한다.